*Studies in the Romance Languages
and Literature*

# UNIVERSITY OF NORTH CAROLINA STUDIES IN THE ROMANCE LANGUAGES AND LITERATURE

*L'amour lontain de Jaufré Rudel et le sens de la poésie des troubadours*

By Leo Spitzer

CHAPEL HILL

Number Five

1944

Copyright 1944
By University of North Carolina
Chapel Hill, N. C.

*L'amour lointain de Jaufré Rudel et le sens de la poésie des troubadours.*

*An die Realisten.*—Ihr nüchternen Menschen, die ihr euch gegen Leidenschaft und Phantasterei gewappnet fühlt und gerne einen Stolz und einen Zierath aus eurer Leere machen möchtet, ihr nennt euch Realisten und deutet an, so wie euch die Welt erschiene, so sei sie wirklich beschaffen; vor euch allein stehe die Wirklichkeit entschleiert, und ihr selber wäret vielleicht der beste Theil davon.... Zieht einmal das Phantasma und die ganze menschliche Zuthat davon ab, ihr Nüchternen! Ja wenn ihr das könntet! Wenn ihr eure Herkunft, Vergangenheit, Vorschule vergessen könntet,—eure gesamte Menschheit und Thierheit!
Nietzsche, Fröhliche Wissenschaft II

Nos biens sont en idée, en espoir, en désir;
Posséder ce qu'on veut, est la fin du plaisir.
Saint-Evremont

Die Welt wird Traum, der Traum wird Welt.
Novalis

Si je discute dans l'article que voici l'article que Mme Grace Frank a publié dans le numéro d'hommage dédié à M. Lancaster par MLN (octobre 1942), je ne me sens pas seulement mu par un besoin personnel de dialoguer avec des amis *suaviter in modo fortiter in re*, de me buter contre des opinions contraires, d'autant plus vivantes, à mes yeux, qu'elles sont "incarnées" dans des personnes que je connais et respecte[1] — mais par la considération de l'importance des conclusions qui s'imposeraient au sujet de la poésie ancienne provençale si son interprétation du cycle de poésies de Jaufré Rudel traitant de l'"amour lointain" était plausible.

J'avais toujours cru cet amour, entouré des brumes du rêve, la manifestation la plus émouvante de ce que j'appelais le "paradoxe amoureux" qui est à la base de toute la poésie troubadouresque : amour qui ne veut posséder, mais jouir de cet état de non-possession, amour-*Minne* contenant aussi bien le désir sensuel de "toucher" à la femme vraiment "femme" que le chaste éloignement, amour chrétien transposé sur le plan séculier, qui veut "have *and* have not".[2] Et j'avais vu en Jaufré Rudel l'un des prédécesseurs les plus illustres de Dante dans cette puissance d'évocation d'un rêve ayant toute l'évidence d'une réalité, dans cette autonomie accordée à l'événement intérieur, dans ce démenti solennel donné au sentiment populaire — 'loin des yeux loin du coeur'[3] — qui place l'amour dans les sens et non dans la *mnémé*.

Or, s'il fallait admettre avec Mme Frank que la princesse lointaine de Jaufré Rudel fût une simple allégorie de la Terre Sainte — variante de l'équation de Appel[4] :' amour lointain= la Vierge —, le paradoxe troubadouresque perdrait une de ses plus belles réalisations artistiques, et en échange de la perte de cette frange d'infini qui auréole la figure évanescente de la princesse inconnue, nous n'obtiendrions en échange rien qu'une *froide allégorie* — qu'on pèse cette épithète, car je ne vois pas dans l'allégorie en soi un *genre froid* —, une allégorie sans originalité, peu claire et peu compréhensible — qui, de ce fait, a dû complètement échapper au génial auteur de la biographie (*razo*).[5] Pour nous faire accepter cette âpre vérité, équivalant à la perte d'un des joyaux de l'art provençal, il faudrait des raisons à l'abri de tout reproche. Je crois personnellement que la nouvelle interprétation est loin d'être assez sûre, ou même assez acceptable, pour pouvoir nous octroyer ce mauvais marché.

Il me faudra donc peser dans le détail le degré de vraisemblance auquel l'interprétation de Mme Frank, opposée à la mienne, peut prétendre. Et il me faudra aussi comparer le pour et le contre de l'explication toute spiritualiste, donc diamétralement opposée à celle de Mme Frank, que M. Mario Casella a offerte dans son article "Poesia e Storia" (*Arch.*

*stor. ital.* II, 1928) — ce que Mme Frank n'a pas fait: en rapportant que le professeur italien "brushes away the realistic elements ... by assuming that the poet's dreams result in illusions at times or are filled with objective images" — résumé insuffisant, qui dissout en relativisme (at times ... or ...) la thèse si énergiquement profilée d'un esprit aussi affirmatif que Casella —, Mme Frank elle-même 'brushes away his brushing away of realistic elements' sans discuter la théorie adverse poésie par poésie, vers par vers. J'aurai donc à me mouvoir avec prudence — "entre ces deux excès la route est difficile" — entre Scylla et Charydis, mais je tiens à avouer d'emblée que je penche plutôt (avec certaines réserves) du côté de la 'philologie du dedans' du sombre *vociféraateur*, exaspéré par un demi-siècle de philologie verbale, que du 'réalisme' frais et joyeux, qui, refusant de voir la substance de cette poésie, compromet l'intelligence du texte même.

* * * * * * * * *

Mme Frank interprète d'abord la poésie II (*Quan lo rius de la fontana*). Elle choisit de débuter — avec quel droit, nous le verrons plus tard — par la strophe 2:

  Amors de terra lonhdana,
  Per vos totz lo cors mi dol;
  E non puesc trobar mezina
  Si non au vostre reclam
  Ab atraich d'amor doussana
  Dinz vergier o sotz cortina
  Ab dezirada companha

qui est ainsi interprétée par Mme Frank:

> the poet tells us that his love of a distant land makes him sad and that he can find no cure for his sadness if, because of the attractions of a more human passion..., he fails to heed his love ... In other words, his soul will not be saved if desire of a woman of flesh and blood prevent him from going to the Holy Land.

Elle voit donc dans *ab atraich* . . . non pas une des conséquences du *reclam*, de l'appeau qui rappelle l'oiseau,[6] mais une force s'opposant à lui: 'si je n'écoute pas votre appel, [pris] par l'attrait [d'un amour charnel]'. Le manque de suite dans l'emploi de la métaphore de chasse serait surprenant (c'est l'appeau qui doit exercer l'attrait), et surprenant aussi l'emploi de *ab*: *ab* 'sous l'influence de' se rapportant au sujet de *au* 'j' entends', est moins probable que *ab* 'avec', unissant *atrach* à *reclam*: le sens doit être plutôt 'votre appel (appeau) avec [=accompagné de, pourvu de] l'attrait', cf. les exemples pour *ab* 'Eigenschaft' dans le glossaire de Appel. Mais, la chose la plus surprenante serait l'emploi, dans les lignes qui suivent, où il devrait d'après Mme Frank s'agir de déprécier un amour charnel, de tous les termes caractéristiques de l'amour *noble* des troubadours: *amor doussana*[7]; *dinz vergier e sotz cortina*[8] — le prix convoité par tous les troubadours, le fruit convoité mais jamais touché; *dezirada*, exactement comme *dezir* du v. 22. On attendrait au moins une condamnation de cet 'attrait' néfaste qui empêche le poète de choisir son salut (p. ex. 'vilement' ou 'vilainement'). Que l'*amors doussana* fût une autre "affaire" que l'*amors de terra lonhdana*, ce serait inouï. Et, en effet, je pense que cette dernière expression ne doit pas être rendue par 'amour d'une terre lointaine', où le *de* indiquerait l'objet de l'amour (comme dans *amor patriae*), mais par 'Amour de terre lointaine' avec *de* indiquant le lieu de provenance ('Amour venant de terre lointaine') et avec Amour, comme si souvent,=l'Amour se personnifiant dans la Bien-Aimée (cf. I,29). Si l'on veut comparer avec notre poésie la chanson de croisade authentique que nous possédons de Jaufré Rudel (*Quan lo rossinhols el folhos*), on verra que l'idée de la croisade y est nettement détachée (str. finales V-VI) de l'aventure amoureuse (I-IV): la dame y est d'abord décrite dans les termes les plus louangeux (le fait que le troubadour n'arrive à aucun succès, est la plus grande des louanges), puis, d'une façon assez brusque, le poète nous dit qu'il cherche 'son mieux' et à cause de la supériorité de l' 'école de Jésus, à toute chose, il peut quitter 'gaîment' sa dame, sans la déprécier: elle reste une valeur inattaquable, seulement la parole du Christ est plus forte. L'opposition des deux ordres, sacré et profane, si nette au moyen-âge, ne peut pas, à mon avis, être effacée avec la désinvolture que ferait supposer la théorie de Mme Frank[9]: même si la poésie amoureuse profane est teintée de sentiments religieux, comme nous verrons plus loin, elle ne doit pas être confoundue avec la véritable religion.

Mais revenons à la poésie II:
> In the third stanza (continue Mme Frank) he writes that the opportunity to satisfy his zeal for the Holy Land is denied him; it is not to be wondered at that he is aflame with desire for never was there fairer Christian, Jewess or Saracen[10] than his far-away love; a man who gains something from such a love is indeed fed with manna (i. e. those who go on this Crusade shall have the spiritual sustenance of Exodus XVI).

Le v. 15 *Pus totz jorns m'en falh aizina* 'puisque la possibilité [de la rejoindre] m'est refusée tous les jours' (cf. III 50: *Per so m'en creis plus ma dolors Car non ai lieis en locs aizitz*) s'enchaîne admirablement avec le *dezirada* du v. 14 et *n'aflam* du v. 16, en se rapportant au contenu du désir (*dinz vergier o sotz cortina!*), alors que dans la théorie de Mme Frank il devrait se rapporter au *trobar mezina* beaucoup plus éloigné du v. 11. Quant à l'allusion à la manne, si l'on admet exclusivement le sens théologique, on supprime l'aspect semi-théologique de la poésie des troubadours, qui se délecte à transférer des termes *religieux* à la dame humaine (type: 'je crois voir Dieu quand je regarde votre beau corps'[11]). Bien entendu, alors que je n'admets pas le transfert sur le plan religieux de termes affectés à la louange de l'amour profane (*amor doussana, dinz vergier e sotz cortina*), je dois admettre — puisque c' est un fait — le transfert opposé. La loi sémantique d' "aller et retour" n'a pas de place ici — et cela se comprend: profaner le sacré est plus grave que 'sacraliser' le profane: dans se cas-ci on sent la métaphore (le 'comme si'), le cas opposé serait hérétique (on dira peut-être *la divine Sarah Bernhardit*, non pas *Jésus mon petit chéri*). Donc, 'repu de manne'[12] est une expression métaphorique, sentie comme telle, pour 'être au paradis' (cf. Guill. de Cabestanh: *Mal m'es dolz e saborius, E ·l pauc ben mana d'on mi pais,* Raynouard). La traduction de Casella: 'veramente beato' indique bien la béatitude surnaturelle (puisque le bonheur humain s'exprime en italien par *felice*) et maintient sans l'oblitérer la polarité métaphorique. La métaphore de la manne n'est efficace que si la "spiritual sustenance of Exodus XVI" est administrée au 'croyant amoureux' — c'est à dire si la métaphore *frise l'hérésie*.

> His heart, he says in his fourth stanza, never ceases to desire that which he must love, and if lust should now rob him of his love, then, he believes, his willpower would be betraying him, for the grief which is cured by the joys of love is sharper than a thorn; in that case he would not wish others to pity him.

Les vers 24-35 *E cre que volers m'enguana Si cobezeza la ·m tol* avec leur opposition de la cupidité au vrai amour ont évidemment inspiré la traduction du *que* du v. 26 par 'for' et de *don* du v. 28 par 'in that case'! Mme Frank semble penser à une remarque déprétiative à l'égard de *joi* (joie d'amour= consommation physique?) et à une résolution du poète de se gendarmer contre toute pitié s'il succombait à cette 'joie'. Mais ce serait, dans toute la poésie des troubadours (du moins autant qu'elle ne se réclame pas du moraliste Marcabru) le seul cas que je connaisse, où *joi*, dit de l'amour *courtois*, serait employé péjorativement (cf. ce qui a été dit plus haut d'*amor doussana*). *Joi*, ce mot si essentiel dans la poésie troubadourique, est d'abord la vraie joie dans sa plénitude, immaculée, la joie (*gaudium, delectatio* des Pères de l'Eglise) du chrétien qui a choisi raisonnablement la voie du Salut, la joie de ce *bonus amor* (saint Augustin: *Recta itaque voluntas est bonus amor, et voluntas perversa malus amor*, cité par Casella; cette expression transparaît encore au XIVe siècle en Espagne dans le titre bien connu du *Libro de buen amor*), qui sera récompensé un jour par la vision céleste, au Paradis, de Dieu.[13] Nous trouvons ce sens tout empreint de religion et de morale p. ex dans la (véritable) chanson de croisade de Pons de Capduelh (Schultz-Gora, *Prov. Elementarbuch*, XVII): elle y est opposée à la cupidité (le péché exclut nécessairement la vraie joie chrétienne: le remords sera toujours là pour nous avertir de l'absence de joie):

> Dunc ben es folz qui·l ben ve e·l mal pren
> ni laissa·l *ioi* qui no faill nuoit ni dia
> per cho que pert don non a mais baillia;
> cho son li *fals cobe* desconoissen
> cui *cobeitatz* engana per neien.

(de même dans Raimbaut d'Aurenga *Cars Jois, Fis-Jois* opposés à *Amistat piga, Malvestatz, enjan* dans une chanson allégorique imitant Marcabru, cf. Scheludko, Arch. rom. XXI, 292). *Joi* est ensuite la joie d'amour, toute morale elle aussi, bien que transposée sur le plan humain, puisqu' émanant de la dame, et c'est cette *joie* émanant du couple vertueux qui rayonnera à la fin de l' *Erec* de Chrétien sur toute la cour, qui sera la *Saelde* des *Minnesinger* allemands, faite de vertu et de plaisir. Ce n'est pas pour rien que Jaufré Rudel, fidèle aux préceptes des rhétoriciens, multiplie tant à travers ses poésies les énumérations des formes du radical de 'jouir, joie' (*jauzitz, jauzen etc.*, chez lui une vraie "marque de fabrique", comme dit Jeanroy): ainsi Chrétien répétera inlassablement le mot *joie* dans son roman, cf. Carol K. Bang, *PMLA* LVII, 299. Jaufré Rudel emploiera les mêmes termes (*cobezeza-volers m'enguana*) que le moraliste croisé Pons de Capduelh. C'est cette joie d'amour sans bornes et supérieure aux autres joies terrestres que Jaufré Rudel vise aussi dans la chanson VI (que Mme Frank écarte, à tort, comme nous dirons plus loin) :

> Que·l cor joi d'autr' amor non ha
> Mas de cela qu'ieu anc non vi,
> *Ni per nuill joi aitan non ri,*
> E no sai qual bes m'en venra

(cf. la déclamation de Bernard de Ventadour ayant entendu chanter au printemps le rossignol:

> Joi ai de lui e joi ai de la flor
> e joi de me e de midons major;
> daus totas partz sui de joy claus e sens,
> *mas sel es jois que totz autres vens*).

Mais cette joie ne s'atteint qu'en dominant la cupidité, en maintenant l'amour à l'état gratuit (*e no sai qual bes m'en venra*). Comme dit si bien Mme Lot-Borodine dans un article que je citerai plus loin: la récompense charnelle est le "fruit vermeil, le *guerredon*, suspendu au bout de cette branche de patients labeurs qui, elle, ne doit jamais plier. Ce fruit, éternel appât à l'arbre de la vie, brille de loin, mêlé au vert feuillage, il mûrit aux souffles du printemps, saison de l'espoir renaissant. Mais, dès qu'on y touche, il s'évanouit, pareil à la fameuse espérance des Bretons: le retour du roi Arthur de l'île-fantôme . . . le renoncement, au lieu d'être seulement accepté, devient, sans qu'on se l'avoue, une jouissance précieuse, délectable entre toutes." Et Mme Lot-Borodine citera précisément la poésie II de Jaufré Rudel: "Les violons chantent toujours plus haut, ils chantent la mélodie troublante de la nostalgie:

> Amors de terra lonhdana
> Per vos totz lo cors mi dol ...."

Nous pourrons conclure: ce n'est pas, dans notre poésie, l'amour idéal et lointain qui est miné par une 'petite affaire' plus proche et plus sensuelle, mais c'est l'amour même qui s'est dédoublé en un instinct de contact charnel et un idéalisme plus distant — c'est la conscience de la cupidité, omniprésente dans toute passion amoureuse, qui a fait concevoir au troubadour le motif de la terre lointaine, la nostalgie du lointain, purifiante. Donc, la 'convoitise' du v. 26 de la chanson II n'est pas celle d'un *autre* amour, terrestre celui-ci et *s'opposant* au *bonus amor* (pour la Terre Sainte), comme le veut Mme Frank, mais la convoitise *au-dedans* d'un *bonus amor* (pour une dame parée comme toujours des attributs divins). Il n'y a là qu'un seul amour, mais miné, rongé, comme c'est la règle puisque le poète est un être humain, par le ver de la *cupiditas*. Le *que* 'car' du v. 26 s'explique à mon avis par l'idée implicite: '[et il serait compréhensible que je succombe à la convoitise,] car c'est une douleur plus amère que la ronce[14] que cette douleur amoureuse qui ne peut être guérie que par la joie [qu'implique, d'autre part, cette noble passion]', et de même, le *don* se rapporte à l'idée implicite: '[puisqu'il y a de la joie dans cette noble souffrance] donc [non pas 'dans ce cas'!] je ne veux pas qu'on me plaigne.[15]' Eprouver la douleur amoureuse est en soi une jouissance, *donc* l'amoureux n'est pas à plaindre, cf. VI,13

> *Colps* de *joi* me fer, que m'ausi,
> Et *ponha* ['pique'] d'amor que'm sostra
> La carn ...

et de même dans III: après avoir décrit ses souffrances, le poète déclare:

> Que tan no fan sospirs e plors
> Qu'us sols baizars, per escaritz,

> Lo cor no'm tengues *san e sau.*
> Bona es l'amors e molt pro vau
> *E d'aquest mal mi pot guarir*
> *Ses gart de metge sapien*

L'idée de *sanar* vient naturellement d'Ovide (cf. Faral, *Les sources latines des contes et romans courtois*) : Amour qui pique et guérit en même temps. Mais la matière païenne est transposée par le mysticisme chrétien : se sentir blessé à mort par la flèche de l'amour et en éprouver l'orgasme est un de ces états paradoxaux qu'ont connu tous les mystiques religieux de saint Bernard à sainte Thésèse : le mysticisme amoureux des troubadours en est la variante séculaire, comme l'a prouvé Mme Lot-Borodine. La conscience des joies impliquées dans ces tourments raidit le courage moral du troubadour : il ne succombera pas à la lâcheté du désir charnel. C'est sur la note triomphante 'je ne veux pas qu'on me plaigne' que se termine la poésie — alors que dans la théorie de Mme Frank ce serait sur un aveu de faiblesse hypothétique ('dans ce cas [de ma chute] on devrait me plaindre') — aurait-on jamais vu poète amoureux plus défaitiste?

Non, être douloureusement tourmenté par l'aiguillon charnel sans succomber, c'est l'orgueil moral du troubadour, orgueil qui lui fait refuser la pitié — orgueil tout stoïque qui place la sagesse dans la maîtrise des émotions (cf. IV, 13 *Que selh es savis* ( ! ) *qui aten E selh es fols qui trop s'irais* ( ! ) —*ira* est un péché capital dans ce code de morale amoureuse, comme la *cupiditas*). Le troubadour se maintient avec une virtuosité morale dans un équilibre parfait — désirant, ne consommant pas — à côté du précipice dans lequel il peut toujours tomber (IV rapporte une chute du poète dans la sensualité et sa résipiscence; dans III *cobezeza*, appelée ici *ma volontaz — talent de son cors*, demande un seul baiser, 'quelqu'isolé qu'il soit', pour 'guérir' la maladie de l'amour). Cette poésie 'française méridionale' de la 'mesure', aussi austère dans son contenu idéologique que rigoureuse dans son formalisme, est une poésie classique d'origine chrétienne — comme celle du XVIIe siècle français: la 'tristesse majesteuse' et le renoncement de Bérénice planent sur elle. Claudel trouve dans le caractére francais ce "besoin de nécessité" (je dirais ici pour les besoins de mon contexte: ce besoin d'entrave par une nécessité),qui se manifeste aussi bien dans l'attitude morale du Français ("Tout ce qui n'est pas nécessaire, et en particulier le plaisir, lui cause une inquiétude profonde, une véritable anxiété de la conscience") que dans son esthétique ("La même horreur du hasard, le même besoin de l'absolu, la même défiance de la sensibilitité ... ont modelé notre grammaire et notre prosodie").

Dans l'envoi de la poésie II, la leçon des mss. du v. 35 *s'esgau per lei(s)* n'est pas claire: les éditeurs corrigent *lei(s)* en *lui*, comprenant: les quatre provinces anglo-françaises Poitou, Berry, Guienne et Bretagne se réjouissent à cause du conte Hugues de Lusignan (Casella pense que *lui* se rapporte au jongleur Filhol, par qui la circulation de la chanson dans les quatre provinces est assurée). Mme Frank laisse *lei(s)* et rattache le pronom à "the poet's love". Le rapport de *lei(s)* du v. 35 à *selha ren que plus am* du 23 serait un peu forcé, et l'on sait par M. Scheludko, *Neuphil. Mitt.* XXV, 1, qu'en général les personnages mentionnés dans l'envoi sont différents (et différemment traités) de ceux que chante le corps des chansons des troubadours. La *tornada* est un compliment à des personnages de la société, sorte d'adresse de lettre spirituelle, tandis que le contenu de la lettre s'affranchit des contingences sociales. D'autre part, si nous corrigeons *lui*, un compliment conçu dans des termes aussi généraux que 'toutes les provinces se réjouissent de lui' est des plus usuels dans cette partie complimenteuse des poésies des troubadours: on énumère une séries de provinces pour faire apparaître dans sa vraie étendue la sphère d'influence (de rayonnement) d'une personalité puissante — idée bien médiévale (*ut in pluribus*) que celle de mesurer physiquement, géographiquement la grandeur (ou l'extension graduelle — puisqu'une bonne réputation n'est jamais statique, mais toujours *creis e melhura*) d'une réputation. Le schéma géographique (avec toute l'exagération qu'il comporte nécessairement serait le même que dans Bern. de Ventadour (XXV, ed. Appel) :

> Fons Salada, mos drogomans
> me siatz rosenhol al rei.
> digatz li . . .
> si com' a Toren' e Peitau
> e Anjau e Normandia
> volgra, car li convenria,
> agues *tot lo mon* ( !) en poder

et que dans un passage de Marcabru, citant la France, le Poitou et le Berry, que mentionne Mme Frank elle-même comme "fairly inclusive reference to France."

La première des poésies invoquées par Mme Frank me semble donc plus naturellement explicable par les antinomies que la poésie des troubadours aime à découvrir dans l'amour pour une dame terrestre : désir charnel combattu par la volonté chaste, exaltation semi-religieuse mise à l'épreuve par la passion, désir de contact immédiat et amour lointain—que par l'hypothèse de *deux* amours d'ordre différent, qui ne seraient pas assez nettement contrastés.

\* \* \* \* \* \* \* \*

### Poésie n° V

Dans la poésie *Lanquan li jorn son lonc en mai* les strophes 2-4 sont interprétées ainsi par Mme Frank:

> . . . in the second stanza Rudel says at once: *Be tenc lo Senhor per verai Per qu'ieu veirai l'amor de lonh*, 'I hold Him indeed for my true Lord, Him through whom I shall see my distant love', and wishes that he had been a pilgrim there where the eyes of his love (the Holy

Land) might have beheld his staff and cloak. He desires to be lodged near his love, however far away he is now, and yet, he tells us, if ever he could see his *amor de lonh*, he would leave this distant love sadly and yet rejoicing. Note that *gauzens* in line 22, 'rejoicing', is both courteous and comprehensible if the distant love be a reconquered Jerusalem rather than a human mistress.

On remarquera d'abord que *amor de lonh* est ici autrement construit que ne l'avait été *amor de terra lonhdana* dans II: 'distant love', avec le *de* de la provenance locale, non pas 'love of a distant country' — et, évidemment, cela n'en pouvait pas être autrement, puisque dès le v. 3 le poète remarque que, quand il n'entend pas le chant des oiseaux en mai, il se rappelle un *amor de lonh* — le motif de l'amour lointain apparaît dès le *Natureingang* et devient le *Leitmotif* et la rime-clé de toute la poésie: l'attrait du lointain inhérent à son amour, le poète le perçoit dans le réveil de la nature au printemps et dans le chant des oiseaux, qui engagent l'homme à aimer avec eux.

C'est ici le moment de faire remarquer que Mme Frank ne semble pas avoir lu la poésie, comme il convient pour une oeuvre d'art se développant dans le temps, *du commencement à la fin*, avec la succession des mouvements que le poète a prescrite,[16] mais qu'elle a — comme pour le n° II, où c'est le *Natureingang* qui motive la nostalgie du poète — démonté l'organisme de la poésie en utilisant seulement des morceaux détachés pour sa théorie. Pour prouver sa théorie allégorique, elle aurait dû montrer que la nostalgie de la Terre Sainte devenait particulièrement forte au printemps, quand les oiseaux chantent. Je sais bien que Mme Frank pourrait parer ce reproche par le *slogan* "conventional *Natureingang*" — puisque la Terre Sainte est soi-disant une dame aimée, pourquoi ne se plierait-elle pas au cérémoniel au point d'exercer son influence incantatrice au printemps comme toute dame troubadouresque qui se respecte? Pourtant, les autres troubadours ont insisté sur cet "air" venant du pays de la dame, transmettant au poète des exhalaisons de son être céleste:

> Ab l'alen tir vas me l'*aire*
> qu'eu sen venir *de Proensa*
>
> Peire Vidal
>
> Can la frej'aura venta
> deves vostre païs, (le pays de l'assistance à laquelle
> s'adresse le poète, d'après Appel)
> vejaire m'es qu'eu senta
> *un ven de paradis,*
> per l'amor de la genta
> vers cui eu sui enclis
>
> Bernart de Ventadour

Un petit vent *d'oltramar, d'orien* ou même *de lai* nous aurait rassurés...Mais puisque l'auteur nous dit que depuis qu'il s'est départi 'de là' (qu'il a cessé d'écouter le chant des oiseaux) il sent un *amor de lonh*, il faut bien le croire sur parole et admettre que c'est le chant des oiseaux (ou la cessation momentanée de ce chant), et cette pensée de l'harmonie parfaite de la nature à laquelle il est pour un moment soustrait, qui ont engendré la nostalgie (non pas que la nostalgie a conditionné le *Natureingang*),—que c'est la strophe 1 qui conditionne 2 et non le contraire. A philologue imbu de la 'lettre' philologue de la lettre et demi! Défense absolue de renverser l'ordre littéral d'une poésie! D'ailleurs en combinant l'étude de Scheludko sur l'histoire du *Natureingang* ZFSp LX, 313 avec les pages de Casella sur le *Natureingang* de Rudel nous pourrons entrevoir une genèse du motif 'amour de loin' bien différente de celle du naturalisme positiviste. Casella a bien vu l'origine de ce trait typique dans l'idée de saint Augustin, *De musica*, influencé par les idées pythagoriciennes, que l'harmonie du monde présente dans l'amour divin est comparable au *nume*-

*rus* musical, et constitue un *ordo amoris*: harmonie du monde, musique et amour s'interpénètrent. Il est donc clair que — *musica amoris incitamentum* —, l'amour prendra une forme musicale. C'est pourquoi les poésies amoureuses des troubadours ont le décor typique de la nature printanière, avec les oiseaux qui chantent et le poète qui les rejoint en chantant la louange de l'harmonie aimante de l'univers.[16a] Seulement, il s'y ajoute encore un autre élément également chrétien mais opposé: *une mélancolie devant la beauté parfaite*, mélancolie chrétienne, de l'homme imparfait en face de la perfection.[17] De là le ton mineur dans tous ces *Natureingänge*: toujours, il manque 'quelque chose'[18] au bonheur parfait: dans V, le poète a quitté les oiseaux et n'entend plus l'harmonie cosmique: qu' arrivera-t-il si la dame est absente pour un moment? saint Augustin répond: *Desiderium est rerum absentium concupiscentia* et saint Bernard: *Ubi viget amor, ibi viget langor, si absit quod amatur*—il y aura 'langueur', 'désir', mélancolie, nostalgie, ce que les Portugais appellent *saudade* (*solitas*:*vae soli!*) les Catalans *anyoransa* (=ignorantia, on ignore où est le bonheur) et les Roumains *dor* (=*dolor*). Dans I le poéte chante avec les oiseaux, mais se rend compte de sa *cupiditas* dans II, malgré l'harmonie émanant du printemps et de la dame (v. 13 *ses ren que y desconvenha*, ce que Casella traduit bien par 'harmonie'): il y a la dialectique amoureuse qui pousse la dame, parfaite, à ne pas exaucer les voeux sensuels du poète — source de malheur; dans III les 'maîtres et maîtresses d'école' (*ensenhadors e ensenhairitz*,— le moyen âge est didactique et livresque) du poète, à savoir les oiseaux et toute la nature, enseignent le *joy*, mais cet enseignement comporte le renoncement; dans IV l'harmonie émanant du printemps est jugée moindre que celle de l'hiver, du fait que la vraie joie morale doit être supérieure à la joie de la nature—ce qui nous fait soupçonner que la disharmonie que sent en général le poète au milieu de l'harmonie dépend aussi, dans une large mesure, de sa volonté: il *veut* ne pas toucher au sommet du bonheur, mu par ce sentiment de l'inhibition nécessaire, de la restriction morale dont nous avons parlé plus haut. A la mélancolie de l'homme imparfait devant l'univers parfait s'ajoute la 'peur de la joie' d'un chrétien qui s'observe. L'*amor de lonh* ne vient-il pas chez Jaufré Rudel de cette 'mélancolie de l'imperfection', qui sent que 'quelque chose' manque toujours au bonheur absolu, et de cette auto-limitation volontaire, qui a besoin du lointain? Le lointain est un élément nécessaire de tout amour, aussi nécessaire que le contact — ces troubadours ont en somme senti la *selige Sehnsucht* de Goethe, aspirant au milieu du plaisir du lit conjugal vers une *andere Begattung*. C'est le lointain qui donne à la tenue morale un rayonnement métaphysique et un sens à l'amour, comme la mort le donne à la vie. Les troubadours n'auraient-ils pas senti cela, qui est si grand et si simple, si triste et si réconfortant, qui nous fait pleurer *auprès* de la bien-aimée parce que nous la voyons *déjà* loin, et qui nous fait exulter *loin* d'elle parce que nous la sentons *proche*?

M. Scheludko a comparé les *Natureingänge*: de Marcabru et de Jaufré Rudel: tandis que celui-là en moraliste et intellectualiste, intellectualise et anthropomorphise le réveil de la nature selon son code moral dualiste, celui-ci évoque des images concrètes, agissant sur notre sensibilité, particulièrement sur notre sensibilité musicale (les accents de *lonc-lonh!*). Jaufré Rudel, dirions-nous, a vraiment mis en musique, par son orchestration verbale, la métaphore augustinienne du *numerus* de l'harmonie du monde et la mélancolie du chrétien — avant que Wagner ne le fît par son orchestration vraiment musicale. Si ceci est juste, combien loin sommes-nous de l'image que Mme Frank nous présente: Jaufré Rudel, ce poète si "concret", si "musical", serait-il l'orchestrateur de l'allégorèse? Cette poésie débutant par un *Frühlingsweben* se continuerait par un jeu d'esprit tout intellectuel à la Marcabru?

Poursuivons! Mme Frank traduit fautivement 12 *Ai! car me fos lai pelegris...* par le conditionnel du passé ('he wishes that he had been a pilgrim... might have beheld'), ce qui en a. prov. serait plutôt la traduction d'un *fora* (cf. VI, 36): il s'agit évidemment d'un irréel du présent 'puissé-je...', expression de la nostalgie excitée par l'éloignement. L'allusion au pélerinage doit être comprise, comme plus haut celle à la manne céleste, par le transfert de concepts religieux à la passion humaine: c'est la dame humaine qui, telle la Vierge ou Dieu, doit regarder d'un regard de pitié[19] l'accoutrement piteux de ce pélerin d'amour, *viator amoris* (bâton et tapis, cf. le second texte de Levy, s. v. *tapit*, non pas 'manteau'!) — détail piquant en même temps que sentimental qui disparaît dans l'hypothèse d'une allégorie. C'est bien un travesti à la Tristan que cette apparition du poète comme pélerin: il ne l'est pas vraiment, il *apparait* comme tel. Pour le moyen âge la distinction de l'*esse* et du *parere* était essentielle (c'est d'ailleurs pourquoi il préfère la comparaison à la métaphore: dans celle ci une chose change imperceptiblement son essence, les fleurs de lilas deviennent de l'écume de mousse chez Proust; dans la comparaison introduite par 'ainsi comme...', que certains critiques modernes jugent 'maladroite', le *comparatum* et le *comparandum* sont nettement séparés): c'est ce qu'a bien senti le commentateur involontaire, et probablement bon scholastique, qu'a été l'auteur de la strophe apocryphe de VI qui dit:

> quan albir qu'eu m'en an la
> *en forma d'un bon pellegri* ('sous forme, sous
> l'apparence...')

Mme Frank croit à un véritable pélerin (ou croisé), mais le commentateur médiéval distingue bien le travesti momentané et emploie la même expression que l'auteur de la chanson de sainte Eulalie, cette martyre qui vola au ciel *en forma de colomb*: son être à elle n'a pas changé non plus, elle reste toujours la sainteté, à travers les incarnations différentes (pucelle-colombe) que Dieu lui assigne. Le Christ apparaît à saint Francois d,Assise *en forme* de séraphe (*Delle sacre sante stimmata di Santo Francesco*). Rudel peut s'imaginer pélerin, il ne l'est pas — il ne faut pas matérialiser les comparaisons illustratives du moyen âge.[20]

Le motif du pélerinage continue d'ailleurs aux lignes suivantes : (3) : ce sera une joie de demander l'auberge *per amor Dieu* (cf. esp. *pordiosero* 'mendiant' et l'épisode du mendiant demandant l'aumône 'pour l'amour de Dieu' dans le *Don Juan* de Molière). Or, un croisé est une chose, un pélerin en est une autre — si ce dernier fait une impression pitoyable, l'autre est fortement armé et ne sollicitera précisément pas la pitié. Ce serait assez singulier que de travestir un guerrier en 'coquillard'[21] et de substituer à l'attirail guerrier le paisible bâton et le tapis.

Il faut noter que le poète ne perd jamais de vue le motif 'amour lointain' (vv. 4, 11, 16, 18) : c'est toujours un *alberc de lonh* qu'il demandera (il ne demandera pas d'héberger 'l'hôte lointain' comme traduit Jeanroy, de même que Casella: *alberga chi viene da lontano*; il demande 'une auberge de lointain', une auberge faite de lointain (et de rêve) il sera (18) prés de la dame tout en étant 'loin' (Jeanroy omet cette dernière partie de la phrase, Mme Frank introduit un 'now' superflu)--son amour même est fait de lointain et de voisinage rêvé, comme il proclamera au v. 45: *Car nulrs autre joys tan no ·m play Cum jauzimens d'amor de lonh,*—le paradoxe est la pour ébranler toute réalité 'réaliste': y a-t-il expression plus paradoxale que le v. 21: *quan drutz lonhdas er tan vezis?* Le poète insiste sur la conciliation des opposés dans la pensée, il abolit la physique en faveur de l'inconcevable. On sent bien qu'à la str. suivante le poète désire le raprochement dans l'espace seulement pour qu'il y ait possibilité de nouveau départ — il se hâte de relativiser la possibilité de la rencontre: 'qui sait quand et par quelle route je pourrai venir à elle? ..

je ne suis pas prophète. Que Dieu fasse sa sainte volonté'. Le mouvement d'idèes 'je la verrai . . . ' — 'je partirai . . . '— 'qui sait si je la verrai jamais — on ne peut rien savoir', avec ce retour, au moment où le 'contact' semblait acquis, vers le doute que la recontre puisse jamais avoir lieu, cette réversion de la succession des événements sur la ligne du temps — tout cela fait une impression peu 'réelle'. Jaufré Rudel a-t-il vraiment la conviction de jamais pouvoir 'arriver' près de sa dame? Voilà un amoureux singulièrement peu enflammé du désir de se blottir contre le corps chaud de la bien-aimée! C'est que sa conception morale de la pureté en amour ne lui fait pas vraiment désirer le contact des corps — il ne conserve que l'idée 'platonique' de ce désir. Voilà aussi pourquoi il sait d'avance qu'il partira après l'avoir vue, dans le cas tout à fait hypothétique d'une recontre qu'il ne sent pas trop vraisemblable (trop de chemins conduisent à cette Rome ou Jérusalem terrestre)—il envisage le départ avant que même l'arrivée soit assurée. Et il partira *iratz e gauzens*, c'est à dire dans l'état paradoxal caractéristique d'un amour sans issue — triste de *devoir* partir, jouissant pourtant d'avoir vu la dame —mais qui lui ordonne de partir si ce ne sont les convenances que son propre sentiment moral lui a imposées?

Comment s'explique ce départ dans l'hypothèse de l'allégorie de la Terre Sainte? Mme Frank semble vouloir répondre: parce que la reconquête de Jérusalem serait chose acquise ou parce qu'il faut, dans le cérémoniel courtois, ne pas importuner la dame en prolongeant la visite. Mais, dans la première alternative, on s'expliquerait peut-être l'épithète *gauzens*, moins *iratz* — le poète devrait retourner avec la bonne conscience d'avoir rempli son devoir en aidant à libérer Jérusalem —, dans la seconde l'allégorie serait fautive: l'allégorie aurait des traits qui ne correspondent à rien dans la chose signifié: le Moyen Age était plus adroit que cela dans le maniement du procédé qui lui était si cher! Mme Frank ajoute au paradoxe de base du troubadourisme un paradoxe gratuit de son cru: le croisé qui s'éloignerait de la Terre Sainte *comme* si c'était une dame courtoise de laquelle il *faut* s'éloigner.

> In the fifth stanza, this *amor de lonh* is said to be better than any other; its worth is so true and pure that for its sake, the poet affirms, he would be willing to be called a captive there in the land of the Saracens. May God give him the strength — as he has the will — to see his distant love truly, in such wise that room and garden may ever resemble a palace to him. (This appears to mean merely that he hopes to be strong enough to reach the Holy Land and to envisage any hardships there as advantages.)

Même insistance de la part du poète dans str. 5 sur les avantages d'un amour lointain sur tout amour réel: il exprimera sa disposition à accepter, pour l'amour de cette dame sans prix, le sacrifice le plus difficilement pensable, le malheur le plus 'exotique' possible (la captivité chez les Sarrazins): serait-ce assez imaginatif que de suggérer, dans l'hypothèse de l'équation: dame=Terre Sainte, une captivité précisément chez les habitants de la Terre Sainte? — il est évident que la dame lointaine ne demeure pas en Terre Sainte, mais en terre chrétienne, si son troubadour offre, comme preuve *suprême* de son esprit de sacrifice, une vie de servitude *lay*, 'là-bas', en Orient.

Dans le 'merely' de la phrase par laquelle la str. 6 est paraphrasée, apparaît un préjugé de la commentatrice, qui pense pouvoir réduire des 'exagérations poétiques' à une prose 'simple': mais, en réalité, il ne s'agit pas d'une façon, exagérée de la part du poète, d'exprimer son désir de lutte, mais d'une description des joies presque surnaturelles que procurerait la 'vue' de la dame (puisque la 'voir', bien que lointaine, est un des termes du paradoxes): 'sa chambre et son jardin' se métamorphoseraient miraculeusement, mais nécessairement, en palais somptueux — le compliment impliqué est que cette dame est une *reine*. Cf. *Boecis* v. 161: Boèce en prison voit apparaître la *donzella*: *filla·s al rei qui a gran poestat; ella·s ta bella, reluz ent lo palaz; lo mas o intra* [=l'habitation où elle entre] *inz es grans claritatz* . . . : Arn. Daniel (Appel n° 26) : *qu'il m'es de ioy tors e palatz e cambra* (ce qui équivaut à dire 'elle est pour moi la puissance, le faste et l'intimité ensemble'). Rudel lui-même (III, 25) parle du *renh* 'royaume' où la dame se trouve et qui lui fait apparaître les plus grands vilains comme des 'courtisans loyaux'. Je ne traduirais pas *en tals aizis* "con tale godimento" (Casella) : *aizi* évoque l'idée de demeure spacieuse (où l'on est à l'aise et où l'on jouit de l'aisance), cf. III, 49 *en luecs aizitz*.

Si la dernière strophe est apocryphe, elle est pourtant bien dans l'esprit de la poésie (v. plus haut sur les vers 45-46) : je ne crois nullement que les vv. 47-49:
>Mas so qu'ieu vuelh m'es atahis.
>Qu'enaissi·m fadet mos pairis[22]
>Qu'ieu ames e no fos amatz.

indiquent "some temporary obstacle" qui "prevented a journey to the Holy Land" — aimer sans être aimé de retour est le *fatum* du troubadour, dont l'amour est annobli d'autant plus que c'est un amour désintéressé, et les troubadours professent tous cet *amor fati*. Comment peut-on préférer un allégorisme aussi vague et aussi sec — un obstacle *matériel*, laissé indéfini ! — à la description d'un état d'âme que tous les troubadours répètent ? Tous, pas seulement Jaufré Rudel, interposent entre l'être aimant et l'être aimé l'"obstacle" que connaissent les mystiques : cet obstacle est ce qui empêche en nous l'union mystique — l'éloignement est paradoxalement consubstantiel avec le désir de l'union.

*********

Poésie n° VI

Mme Frank se débarasse vite (en note) de la poésie VI (*No sap chanter qui so non di*) — que Casella et d'autres avaient groupée avec les poésies de l'amour lointain, — à cause de son 'jesting tone', qui la rapprocherait du *devinalh*:

> Nuils home no·s meravill de mi
> S'ieu am so que ja no·m veira,
> Que·l cor joi d' autr 'amor non a
> Mas de cela qu'ieu anc no vi.
> Ben sai c'anc de lei no·m jauzi
> Ni ja de mi no·s jauzira,
> Ni per son amic no·m tenra

Faut-il vraiment insister sur cette vérité de La Palisse que le même sujet a pu être traité et sur le mode comique et sur le mode tragique par Shakespeare, Lope, Corneille, Kleist? La 'mâle gaîté' de Molière ne frise-t-elle pas le tragique? Et en musique même, où 'c'est le ton qui fait la musique', la transposition d'un même motif sur divers tons n'est-elle pas courante (cf. la Marseillaise dans la chanson des grenadiers et dans le *Faschingsschwank* du même Schumann, les variations sur un thème de Haydn par Brahms) ? Et les émotions mixtes qui se dégagent de la farce mystique de "l'Ours et la Lune" de Claudel, de la "Pavane sur la mort d'une infante" de Ravel? Nos médiévistes philologues oublient trop facilement leurs propres expériences littéraires et musicales!

Il ne faut vraiment pas confondre un *motif* et le *ton* particulier qui variera le motif, qui, lui, est neutre et susceptible de tous les tons. Il est évident que dans n° VI le même *motif* est traité que dans II et V, seulement sur un ton différent, à savoir en majeur: il y a plus de gaîté dans VI. Le paradoxe de l'amour gratuit se prête aisément à l'ironie: un pas plus loin, et l'amoureux qui se maintient dans l'état funambulesque de balancer entre les extrêmes, peut se voir dansant sur la corde, devenir conscient de sa virtuosité sentimentale et en voir le côté ridicule. Cette attitude réfléchie aboutira à une *self-irony* qui accentuera l'esprit de jeu et le jeu de l'esprit — c'est à dire qui introduira ce qu'on appelle en francais l' *esprit* tout court, cette vivacité intellectuelle fonctionnant un peu à vide, gratuitement, et ménageant à son possesseur une certaine liberté : il semble planer au-dessus des contigences et est satisfait par la conviction : "je suis intelligent : je fais de l'esprit". Nietzsche a expliqué cet esprit français, qui manque aux Grecs, par une réaction contre le logicisme outrancier des Français — je ne sais pas si, en voyant "l'esprit" poindre dans cette poésie du renoncement du XII<sup>e</sup> siécle, nous ne l'expliquerons pas par un aspect, très aristocratique celui-là, de ce christianisme méridional et oriental qui fut à l'origine la religion des pauvres, des *underprivileged* : se consoler des revers, de la vanité de toute possesion par les ressources spirituelles qui restent à l'infortuné, c'est le privilège d'une aristocratie de l'esprit qui prend sa revanche sur l'injustice du sort. L'*esprit* français, cette faculté que possède tout Français moyen ou sous-moyen, de se moquer de sa vie et de la vie, me semble une soupape par laquelle toute tension atmosphérique en lui peut se relâcher. Cet esprit ne va pas sans une pointe de vanité — telle, la petite gentilhommerie, à défaut de moyens, arbore ses titres de noblesse. Car c'est une sorte de vanité, de virtuosité littéraire qui apparaît à côté de la virtuosité sentimentale de Jaufré dans la poésie qui nous occupe : il insiste — un peu moins que le parfait 'aristocrate' Guillaume IX — sur l' "esprit", sur "la forme" — et sur l'esprit de la forme, quand il ironise l'état sentimental piteux dans lequel il se trouve, et son esprit frise la vantardise, la "galéjade" : [ma chanson] *Com plus l'auziretz, mais valra, a a — Bos es lo vers, qu'anc no·i falhi E tot so que·i es ben esta.* Il semble même, qu'ayant payé son tribut à l' "esprit", ayant aéré sa chambre de torture par la soupape de l'ironie, il se sente libre d'affirmer sa théorie amoureuse donquichottesque avec le maximum de force — qu'on relise le passage cité avec ses *anc et ja* ('*jamais je ne jouirai d'elle*') si catégoriques et qu'on compare la strophe II avec sa définition si forte de l'amour gratuit, et la strophe III (*colps de joi me fer...*)

[23]

qui nous présente l'état amoureux avec tous les traits paradoxaux de l'amour mystique! En écartant d'un trait de plume ce texte des textes, Mme Frank se prive de la possibilité de voir l'unité du cycle.

    C'est un des expédients les plus élémentaires de la stylistique telle que je la pratique depuis longtemps, que de retracer des *leit-motifs* dans l'oeuvre d'un écrivain en relevant des mots ou des idées qui se répètent, parce que ces répétitions ont beaucoup de chance de trahir un élément *constant* dans l'âme ou l'esprit d'un auteur: quand j'ai dû analyser le style de Ch.-L. Philippe, j'ai été frappé par l'emploi ironique de ses conjonction causales (*à cause, parce que* etc.). Ce n'est qu'en groupant *tous* ces emplois ensemble que je suis arrivé à concevoir cette pitié ironique pour les déchus qui anime Philippe; par la somme d'observations concrètes on arrive à l'abstraction d'une 'entité' stylistique[23] — et cette entité stylistique mène à l'intuition directe d'une 'entité psychologique' dans l'âme du poète. Si je n'avais pas dressé le bilan *complet* de ces tournures (si par exemple je n'avais pas inclu les cas où une causalité était indiquée *sans* l'aide de conjonctions, de mots particuliers), je n'aurais pas su discerner le '*leit-motif* psychique' de cet auteur. C'est exactement ce qu'a omis de faire Mme Frank: parce que la phrase textuelle *amor de lonh* ne revient pas dans cette poésie, elle l'exclura du cycle — qui ne voit que l'esprit, l'*idée* de l'amour lointain est là, qu'elle est même exprimée plus fortement que dans les autres poésies dans les vers cités plus haut? Un amour que l'amoureux ne 'voit' jamais (ou ne voit qu'en songe, str. IV), dont il ne jouira qu'en songe—n'est-ce pas un amour lointain? (et l'idée de la distance locale apparaît dans ces adverbes de la str. IV: *la—de sa—aqui*, qui indiquent les pérégrinations du rêve annullant la distance entre les deux êtres[24]). Mme Freank a évidemment exclu cette poésie parce qu'elle ne cadrait pas avec son système, parce qu'ici le poète nie tout désir de franchir la distance qui sépare les amoureux, de vraiment se rapprocher de la dame — singulier croisé qui resterait un amoureux 'platonique' vis-à-vis de Dame Terre-Sainte! Ne serait-ce pas plutôt un 'isolationiste' avant-la-lettre?

Au contraire, dans ma théorie (affirmant que l'amour lointain est un besoin de l'âme aimante), le ton et la forme particulière de la poésie n° VI s'expliquent parfaitement. Disons encore que la forme du *devinalh* est la forme artistique la mieux appropriée à l'état d'âme paradoxal de l'amant-poète: M. Scheludko, *Arch. rom.* XV, 164 a bien senti le rapport entre les devinettes qui mettent en doute, par la description métaphorique, la réalité de l'objet à deviner (type: *sui e no sui, fui e no fui*), avec les paradoxes troubadouresques ('je vis et je meurs', 'je suis gai et marri', 'je désire rejoindre ma dame et m'abstiens d'aller vers elle'): il reconduit le *devinalh* de Guillaume IX à la devinette latine médiévale (type: *quid est quod est et non est?*—solution: *nihil*, ou *quidem ignotus mecum sine lingua et voce locutus est qui numquam ante fuit nec postea erit et quem non audiebam et novi* — solution: *somnium*), et la solution tentative qu'il donne au *devinalh* de Guillaume IX, c'est précisément, comme dans le modèle latin cité: 'le songe'[25] — explication bien préférable à celle de M. Jeanroy (*fatrasie — coq-à-l'âne*),[26] qui est une solution de désespoir, comme l'a bien vu M. Casella (lui, de son côté, ne semble pas avoir connu l'article de M. Scheludko). Or, dans le *devinalh* de Guillaume IX sur le *dreit nien*, qui serait donc le songe, nous voyons apparaître une dame, qui partage avec celle de Rudel le privilège de pouvoir se soustraire à la vue de l'amant, mais qui diffère d'elle par le fait qu'elle *n'est pas* la meilleure imaginable:

> Amigu' ai eu, no sai qui s'es,
> qu'anc non la vi, si m'aiut fes,
> ni·m fes que·m plassa ni que·m pes,
> ni no m'en cau ...
> Anc non la vi et am la fort;

>       anc non aic dreyt ni no·m fes tort;
>       quan non la vey, be m'en deport...
>    *qu'ie·n sai gensor e bellazor*

Il y a donc un idéal de femme encore supérieur à l'idéalité du songe?...concluons que la devinette de Guillaume traite plus particulièrement du 'songe amoureux' qui peut être indéfiniment dépassé par un autre 'songe amoureux' — et c'est cette irréalité rêvée qui fait dire à l'espiègle troubadour qu'il ne chantera ni 'de lui ni d'autres personnes, ni d'amour ni de jeunesse, ni de rien d'autre'.[27] En admettant l'influence de l'atmosphère de la devinette[27a] sur la poésie n° VI de Rudel, nous placerons à côté de la *rêverie d'amour* de Guillaume la *poésie d'amour rêveuse* de Rudel. Il y a une nuance de plus grande réalité dans la dame de celui-ci: elle n'est pas une *'non-entity'* puisqu'elle est la meilleure possible, mais elle retient certaines 'valeurs neutres' (*Anc no·m dis ver ni no·m menti*), elle ne s'est pas encore dépêtrée des voiles de rêve qui entourent la dame 'idéale' (la str. IV, correspondant à la str. III de Guillaume, insiste sur l'état de rêve dans lequel la voit le poète). La paraphrase rudellienne de ce thème a donné un sens tout différent à des morceaux de phrase identiques: *Anc non la vi et am la fort* de Guillaume devient *que·l cor joi d'autr' amor non ha mas de cela qu'ieu anc no vi*[28]—là où Guillaume dit: 'mon amour pour la dame n'a qu'une réalité de rêve', Jaufré affirme: 'l'existence en rêve garantit la réalité de mon amour'. Bien qu'il y ait identité de motif, il ne faut pas nous laisser leurrer par l'identité des mots; quand leur sens n'est pas identique, il n'y a plus imitation, mais création nouvelle — création qui s'impose, par une sorte de gageure de virtuose, le raffinement de garder les mots, tout en changeant le sens. Au fond, c'est, à un degré moins développé, le procédé de Giordano Bruno insérant dans ces *Eroici furosi*, qui chantent la Connaissance, une poésie amoureuse de Tansillo et, tout en conservant le texte intégral de son prédécesseur, le faisant entièrement changer de sens par le fait que, entourée qu'elle est maintenant de poésies philosophiques, la poésie de Tansillo acquiert un sens philosophique: Croce, qui traite de cette transposition dans ses *Problemi di estetica*, compare le sens second à un palimpseste se greffant sur un texte originaire. Toujours est-il que dans notre cas le sens second n'est pas entièrement étranger au sens premier: c'est comme si le palimpseste était une réélaboration libre du même sujet. Car, en effet, le motif de l'amour lointain n'est pas sans rapport avec le motif du rêve amoureux: les deux ont en commun les couples de notions contradictoires 'réalité' et 'irréalité', 'être' et 'non-être', 'quelque chose' et 'rien', et l'énigme est apparentée à l'existence énigmatique de la dame. Cette théorie de la genèse de la poésie de Jaufré Rudel (dérivation du *devinalh*) implique qu'elle a développé des possibilités qui étaient latentes dans le modèle: l'amour lointain doit être une dérivation et variante de l'idée du songe, appelée à exprimer un amour qui 'possède en ne possédant pas' et oscillant entre la réalité et l'irréalité. Tous les deux poètes ont profondément compris l'entre-deux psychologique dans lequel se place le sentiment de l'amour, senti comme réel et pourtant irréel, passant du *dreit nien* jusqu'à l'occupation de tout notre être—ils ont puissamment affirmé l'autonomie du sentiment, qui est une réalité (irréelle), même si sans 'objet réel'; Guillaume a développé plutôt l'idée de l'indépendance créatrice de son rêve, tandis que Jaufré développe le motif de la jouissance de l'existence mi- réalité, mi-rêve qu'a dans son esprit la bien-aimée. Guillaume, plein d'esprit, est plus intellectualiste, Rudel plus poétique.[29] Mais les deux poètes ont insisté sur l'énigmatique de l'événement intérieur (cf. le *quaestio mihi factus sum* de saint Augustin.) L'énigme est, par principe, le genre littéraire qui considère le monde et les choses sous l'aspect du mystérieux: quand nous proposons une énigme, c'est comme si nous renoncions à voir les choses comme des objets bien connus, aisément maniables, et la personne qui la propose est comme un sage supérieur à l'enfant (ou à l'adulte devenant enfant du fait qu'on lui propose une énigme)—un sage plus versé dans le mystère du monde: la reine de Saba proposant des énigmes à Salomon lui ouvre, comme l'a bien vu A. Gide, des perspectives sur un monde exotique, resté inconnu au plus grand sage juif; les mystères de la vie, et de la vie familiale, telles qu'ils se développent dans le temps, sont indiqués par le Sphynx à Oedipe. L'énigme n'est pas à l'origine un jeu de société, un 'passe-temps' imaginé par une société qui s'ennuie, comme l'intiment nos dictionnaires, elle est due plutôt à l'attitude mystérieuse de l'homme (v. André Jolles, *Einfache Formen*). Guillaume IX et Jaufré Rudel ont appliqué l'attitude mystérieuse à la réalité de l'âme, à ce qu'il y a de songe et de brume autour de l'événement intérieur. C'est l'attitude particulière de l'*admirari* de la part de ce christianisme augustinien qui voit les merveilles de Dieu s'accomplir dans l'homme même—ce sera encore l'attitude d'un Dante s'émerveillant de la grandeur et variété de *sa* vision.

La poésie n° VI, mise en rapport avec la tradition du *devinalh*, nous montre bien que le motif de l'amour lointain est apparenté au problème dialectique du 'rien qui est en même temps quelque chose'—c'est à dire que c'est le problème de la réalité de la vie intérieure qui a conduit au motif de l'amour irréel et lointain. L'exclusion de cette poésie s'explique dans la théorie naturaliste de Mme Frank—mais elle fait violence à l'unité du cycle, que nous pouvons intituler sans danger d'anachronisme: *La vida es sueño*.[30])

### Poésie n° III.

Encore une autre poésie est arbitrairement (et tacitement) exclue du cycle par Mme Frank, bien que le motif de l'éloignement y apparaisse bien nettement:

*Luenh es* lo castelh e la tors
On ella jay e sos maritz
*Lai es mon cors si totz qu'alhors*

III,3    Non a ni sima ni raïtz
        Et en dormen sotz cobertors
        *Es lai ab lieis mos esperitz.*

Je ne me lasserai pas de dire et de redire que l'amputation infligée au motif par l'omission d'un exemple où le mot-clé figure, est impardonnable: si *amor de lonh se* trouve dans II et V, si l'idée du lointain est impliquée par VI, je n'ai pas le droit d'écarter *luenh es lo castelh* de III—d'autant plus que le 'château lointain', la demeure géographiquement éloignée de la bien-aimée, peut avoir été un des germes du motif: *luenh es lo castelh > amor de terra lonhdana > amor de lonh*, ce seraient trois étapes possibles (je ne veux pas affirmer la succession chronologique des trois *poésies* qui contiennent ces expressions!) de la gestation intérieure dans l'âme du poéte.

La châtelaine aimée repose loin de l'amoureux 'avec son mari'.[31] On sait combien cette question de l'adultère ou de la *Scheinliebe* a émeuté les provençalisants; je me range en général du côté de M. Scheludko, *Neuph. Mitt.* 1934, 1 seq., qui insiste sur l'origine *littéraire* de ce *topos* et n'y veut voir aucun trait de la *Kulturgeschichte* du temps.[32] Seulement je dirai que le fait que la dame apparaisse mariée est pour ainsi dire nécessaire à cet amour troubadouresque; c'est un détail qui ajoute à la gratuité de cet amour sans issue, et le lointain géographique n'est qu'un autre aspect de ce 'lointain' moral, si essentiel à cet amour. C'est la conception de l'amour gratuit qui est primaire et qui introduit dans cette poésie des sentiments pour la femme d'un autre parce que la gratuité de cet amour ressort mieux dans ces circonstances. Ce n'est pas, comme l'a bien senti M. Scheludko, un amour adultère que voudrait glorifier cette poésie, pourtant chrétienne. Au contraire, le fait que la femme soit mariée est une sorte d'entrave morale, limitant dès l'abord les possibilités de cet amour — comme le fait que Titus soit empereur écarte le mariage avec Bérénice.

En passant en revue les poésies discutées, nous conclurons que l'allégorie de la Terre Sainte, si elle devait être vraie, serait singulièrement dépourvue de traits nets, permettant au lecteur, et particulivement au lecteur contemporain de notre troubadour, d'établir l'identification que Mme Frank lui propose: les parallèles n'y seraient pas soigneusement, laborieusement, didactiquement établis comme dans les véritables allégories du moyen âge[32a]: il n'y a dans Jaufré Rudel pas de description détaillée de l'*extérieur* de cette dame courtoise qui devrait être l'allégorie de la Terre Sainte — et pas un de ces complaisants avis au lecteur dont les auteurs médiévaux ne sont pas chiches: 'Ceci est une allégorie, ceci veut dire autre chose, il y a une vérité absconse cachée' etc. Comparons plutôt la description de la Philosophie qui occupe à peu près 100 vers dans le *Boecis*, pleine de détails précis et de moralisations (*Bel sunt li drap* (!) *que domn'a vestit, de caritat e de fe* (!) *sun bastit*); même dans une chanson lyrique de type allégorique comme celle de Guiraut de Calansó (Appel, n°34), combien de détails matériels ne voyons-nous pas: lance d'acier, flèches d'or, couronne d'or, palais à cinq portaux, jeu de table et pions, ceinture d'orfroi etc.; dans cette poésie allégorique de Bernat de Panasac qu'Appel comparait, pour le besoin de sa thèse, avec Jaufré Rudel, non sans devoir avouer:

> Eingehender noch (?) als Jaufre, aber freilich (!)
> in mehr allegorischer Art, spricht B . . . von ihrem
> Körper und ihrer Kleidung,

nous avons des vers comme:

> Precios cors, blanx e lis, netz e clars,
> Cogitan (!) vey mot soen de travers
> Vostras fayssos dins un mantel de pers
> Estelat d'aur, foldrat de menutz vars —

comment nos critiques ne sentent-ils pas le climat *toto coelo* différent des vers de Jaufré Rudel avec leur chaste dépouillement, leur atmosphère brumeuse et irréelle? Pour qu'il y ait allégorie il faut des traits *visibles* signifiant *autre chose* — pour que cet autre chose puisse être perçu, il faut que le visible fasse relief, soit inondé de lumière. L'antiquité, le moyen âge et la Renaissance savaient, d'après la lumineuse remarque de Jakob Burckhardt, 'voir des abstractions', comme nous voyons seulement des objets physiques — mais ceci n'était possible que si l'artiste douait l'abstraction de traits descriptifs d'une évidence quasi-physique irrécusable. Dans Jaufré Rudel nous voyons la femme seulement en fonction de l'amour du poète, puisqu'aussi bien cet amour comporte le perfectionnement moral de *l'homme* — elle apparaîtra avec un minimum de réalité, avec le strict nécessaire pour nous faire croire à une femme vraiment "femme", qui existe quelque part, mais sans ce 'graphique' qui au contraire est nécessaire là, où la peinture que nous avons sous les yeux doit nous induire à chercher une interprétation transcendante. L'irréalisme lyrique de Jaufré Rudel est au pôle opposé du réalisme qui est de mise dans la poésie allégorique.

Au contraire, dans l'hypothèse de l'amour lointain=dérivation organique du paradoxe de base de la poésie des troubadours, ce motif se rattache à tant d'autres motifs courants ('voir-ne pas voir', 'posséder-ne ne pas posséder', réalité-rêve) ; il offre un parallèle tout en étant illuminé par eux. Le cycle de l'amour lointain comprenant II, III, V, VI, a une unité organique intérieure que nous autres lecteurs rebâtissons en nous, alors que l'allégorèse repose essentiellement sur une dualité et force notre imagination à faire la navette entre A et B pour en saisir les traits correspondants. L'hypothèse de Mme Frank nous suggère une opération mentale contraire à l'esprit des poésies rudelliennes.

Dans la conclusion que Mme Frank tire de son article, je relève la partie où elle s'insurge contre la naïveté des commentateurs de l'école "biographique" — c'est moi qui choisis cette étiquette, que je pourrais aussi remplacer par les épithètes plus générales: "naturalistes" ou "positivistes"[33]—, qui croit pouvoir identifier après tant de siècles les dames 'réelles' et retrouver la 'réalité' que les troubadours ont pu chanter. J'irais plus loin: non seulement n'est-il pas *possible* de les identifier, mais il est *nuisible à la compréhension* de ces poésies de poser la question biographique, puisque les troubadours ne chantent pas telle histoire amoureuse particulière, mais l'*amour en soi*, l'*amour* dans la forme-type qui est la leur. C'est ce que Mme Frank dans son positivisme instinctif à elle, *qui la fait retomber dans le "biographisme"*, me semble avoir méconnu; elle croit l'hypothèse de l'allégorie, où la femme aimée serait un concept bien précis (la Terre Sainte) supérieure à celle de Casella retrouvant la conception augustinienne de l'amour dans les troubadours: cette dernière théorie serait d'après elle "aprioristic" et tendrait à schématiser l'oeuvre de Rudel et à l'isoler des autres troubadours: mais tous les critiques concordent à reconnaître dans l'ensemble de la poésie des troubadours un 'schématisme' 'apriorique', abstrait, et une unité extraordinaire: c'est, à travers deux siècles de poésie occitanienne, comme un choeur de 460 voix chantant le même thème d'amour abstrait dans la même forme étriquée, duquel seules quelques voix un peu plus individuelles réussissent à se détacher, — fait qui ne s'explique que par une conception *unitaire* de l'amour. Cette conception doit s'être formée au sein de la société, chrétienne, mais séculière, des cours de Provence, et je crois que, au contraire de l' "isoler" des autres troubadours, c'est précisément cette même conception qui nous permet de grouper l'art délicat mais puissant de Jaufré Rudel avec celui des autres troubadours. Si je dois, moi aussi, trouver M. Casella quelquefois trop dogmatique et trop 'apriorique' dans l'application de sa théorie au détail,[34] je ne puis assez applaudir le critique italien d'avoir senti l' "*a priori* chrétien" qui est à la base de la poésie et des troubadours en général et de Jaufré Rudel en particulier. Il est curieux de voir le dépaysement de nos philologues modernes devant ces oeuvres médiévales, que pourtant les poètes modernes de Heine à Carducci[35] ont comprise: je crois devoir attribuer à la 'déchristianisation'[35a] foncière de nos milieux universitaires le fait extraordinaire que nos savants ne découvrent même plus l' "apriori chrétien" dans certains phénomènes *modernes* de la vie de société que nous devons précisément aux troubadours. Car en somme, n'est-ce pas l'attitude des troubadours vis-à-vis de la femme qui inspire nos relations de salon avec la femme (femme mariée ou jeune fille) qui ne nous appartient pas, relations toutes empreintes de cette 'chevalerie' chrétienne médiévale?: le 'cavalier' d'une 'dame' à une table de dîner ou sur une causeuse de salon — où maris et femmes sont soigneusement séparés —, le danseur qui fait danser une femme, ils donnent encore aujourd'hui à entendre aux femmes par des signes discrets, comme les troubadours du XII° siècle, qu'ils les convoitent, sans demander la 'consommation,' par 'respect' pour la valeur morale de la femme! Ces hommes de société répètent en somme la promesse de Jaufré Rudel (IV, II): *non querrai autrui conquistz!* Qu'on songe à ce que cette fiction d'érotisme, de la possibilité d'un roman entre un 'cavalier' et 'sa dame', produit de piquant, de raffinement, de *playfulness* dans la vie de société! Le 'désir' feint rapprochera les sexes, la nécessité de 'l'amour lointain' les tiendra distants. La sexualité n'est pas ignorée (comme dans des milieux puritains), elle est acceptée et tournée en raffinement psychologique: une idéalité, toute de jeu, de poésie et d'imagination, transfigure les rapports réels. Et il est bon que l'intégrité morale ne sente pas sa victoire trop facile: le péché possible, évoqué à l'horizon, garde la vertu des dangers de la suffisance et de la vanité. Ce jeu de société parfaitement innocent repose sur la reconnaissance de la valeur de la femme (en tant que "femme") pour le développement moral de l'homme — Ortega y Gasset a vu avec raison dans ce fait de la femme "qui s'arrête", qui se contente d' "être", et qui laisse l'homme venir à elle, évoluer et travailler à sa perfection morale, le signe typique d'une grande civilisation (Rudel a d'ailleurs trouvé une excellente expression pour cet 'arrêt de la femme': VI, 29 *Anc no·m dis ver ni no·m menti E no sai si ja s'o fara*—elle est la négativité absolue, l'incertitude vivante, productrice de tourments dans l'homme, mais aussi de culture morale).

L' *a priori chrétien* qui informe toute cette poésie 'mondaine' des Provençaux peut dès maintenant être étudiée grâce aux travaux qui ont été publiés dans les dernières décades: L'article de Mme Lot-Borodine dans *Mélanges Jeanroy* (1928) sur l'origine religieuse du "service d'amour" - article qui semble avoir passé presqu'inaperçu et que M. Casella n'a probablement pas non plus connu — me paraît la plus importante contribution moderne au provençalisme: il étudie les rapports profonds du troubadourisme, moins avec le courant augustinien qu' avec le mysticisme médiéval: saint Bernard et les troubadours sont pour l'auteur deux branches issues d'une même souche. L'article de M. E. Auerbach, "Passio als Leidenschaft" (PMLA 1941) va dans la même direction, bien que cet auteur lui aussi ignore l'illustre devancière: les paradoxes du langage amoureux des troubadours et du pétrarquisme (qui hérita des troubadours: cf. Pétr. *Pace non trovo, e non ho da far guerra*) et la conception de la passion du Christ, qui est en même temps une souffrance passive et une impulsion active très noble, y sont reconduits aux écrits mystiques du moyen âge qui voient, aussi bien dans le Christ que dans l'âme qui s'unit à Lui, des passionnés souffrant avec joie.[36] Je signale encore l'article de M. F. Neumann sur "Hohe Minne" dans *Zeitschr f. Deutschkunde* (1925, p. 81), qui est comme une phénoménologie de l'amour-*Minne* et qui a relevé la persistence, dans la société moderne, de ces rapports à la provençale entre hommes et femmes qui ne s'appartiennent pas. L'article que je soumets ici au lecteur accentue le thème foncièrement chrétien "possession - non-possession" de cette poésie séculière. L'impression qui se dégage de tous ces travaux dispersés,[36a] s'ignorant mutuellement et qui devraient être ramassés en un faisceau, est que l'école des troubadours a donné un tour original à un thème essentiel de la vie occidentale (l'attitude qui convoite la femme-"femme", mais la respecte) et qu'elle a par là contribué d'une façon durable à enrichir la vie des sexes dans la société.

Dans le cadre de ces recherches se place l'article de M. Casella,[37] qui, tout en violentant quelquefois les textes, ne peut pas être qualifié de "aprioristic" tout court. C'est Casella qui a vu le dedans de la poésie des troubadours, non pas les "biographistes".[37a]

Evidemment, Mme Frank a pensé ainsi: puisque Rudel a fait une chanson de croisade, qu'il est mentionné dans un document contemporain comme croisé et puisque le Hugues de Lusignan qui figure dans un des *envois* s'est aussi croisé, pourquoi Rudel ne chanterait-il pas croisade et Terre Sainte dans d'autres poésies? — pensée d'une logique impeccable, à condition qu'on croie — par *a priori* — la biographie extérieure l'élement essentiel dans la vie de l'homme et dans l'oeuvre d'un poète. Mais n'y a-t-il pas aussi p. ex. la 'tyrannie des genres'? Un chant de croisade est une chose, une chanson amoureuse en est une autre, — la chanson de croisade de Rudel est d'ailleurs une combinaison, un peu maladroite, comme je l'ai montré, des deux genres — nous n'avons par hasard pas de *sirventès* ou de *pastorela* de Rudel, mais, s'il en existait, soyons surs qu'il ne s'y montrerait pas amoureux et tendre! Pourquoi l'auteur d'une chanson de croisade ne pourrait-il pas traiter d*ans d'autres compositions* un thème purement amoureux? Il y a ensuite la réalité de la vie intérieure, parfois supérieure aux faits extérieurs: qui osera dire que Dante a traité le fait capital dans sa biographie, l'exil, avec plus d'ampleur que sa vision de l'au-delà? Et c'est aujourd'hui un truisme que de blâmer l'insistence sur la biographie de Béatrice, alors que l'héritier le plus illustre, à travers les *stilnovisti*, de la tradition des troubadours n'a voulu extérioriser qu'*un* thème général: la réalité *intérieure* et visionnaire de l'âme aimante. Il y a particulièrement la force suggestive de certains thèmes littéraires dans certaines époques, du *topos*[38] littéraire dont MM. Scheludko et Curtius nous ont appris à tenir compte pour le moyen âge d'une façon beaucoup plus systématique que nous ne l'avions pu imaginer. Precisément au moyen âge tout thème littéraire apparaît avec l'ampleur et la profondeur de la révélation 'Dieu-donnée': c'est un texte' qu'on 'glose' indéfiniment, la glose étant l'analogue de la 'variation' musicale moderne. Le thème central de la poésie des troubadours que j'ai mentionné, le 'texte' que 'glose' Rudel, est la véritable 'source' du groupe de poésies dont nous traitons, c'est dans cette eau vive que baigne la poésie rudellienne! rudellienne! Mme Frank écrit en guise de conclusion: "it may be remarked that most scholars have been aware of some sort of contrast in Rudel's poetry: between fact and fiction, waking and dreaming, flesh and spirit, the real and the ideal" — et elle regrette que les critiques n'en aient pas conclu que les amours des troubadours sont irréelles. Excellente idée—mais qui n'aboutit pas chez elle à la conclusion évidente que le contraste indiqué chez Rudel et chez les autres troubadours est leur thème essentiel et, au lieu de poursuivre ce thème dans son autonomie, Mme Frank s'engage dans un nouveau biographisme, qui supprime la réalité spirituelle.

Je crois que la théorie biographico-allégorique[39] de Mme Frank, de Appel etc. et l'animosité envers toute hypostase d'un *Geist* vient d'une profonds *méfiance* — méfiance tenant peut-être de la probité intellectuelle et d'un sentiment de responsabilité — mais méfiance qui me semble dans ses résultats plutôt nocive, puisque, par le refus, au nom de la raison, d'admettre l' 'esprit' d'un poète, d'une époque, d'un peuple, elle affaiblit pratiquement la croyance de l'homme occidental dans l'efficacité de l'esprit humain (comme le fait également le *anti-mentalism* de certains philosophes, pédagogues et linguistes). Dire que la poésie rudellienne est issue de l'esprit chrétien des cours provençales semble à ces critiques affirmer soit une tautologie (un truisme), soit une mythologie inventée *ad hoc*. Combien ce scepticisme savant est pusillanime, la fuite immédiate dans la fausse tangibilité de la biographie le montre. Mais le poète (n'importe quel poète, Rudel ou Racine, troubadour ou classique), n'a-t-il pas voulu lui-même *transcender* sa biographie, la hausser au plan de *Dichtung und Wahrheit*, faire oublier son "moi haïssable"? Le philologue qui se récuse de reconnaître la transcendance supra-individuelle de l'oeuvre poétique s'oppose à la volonté expresse du poète: c'est celui-ci qui, en créant une oeuvre, a créé une mythologie, *sa* mythologie, sa légende, cette parcelle du *Geist* de son époque, de son pays et du *Geist* universel qui plane au-dessus de lui et de la contingence de son être. Refuser à Jaufré Rudel cette participation à l'universel c'est lui refuser *son* sujet. La méconnaissance de cette participation mène à l'incompréhension de l'oeuvre. Rudel est moins qu'une coquille vide si l'*amour de lonh* n'est pas son thème profond, s'il n'a pas, abîmé dans son âme aimante, découvert cette réalité de songe qu'a désormais pour nous — éternellement, c'est à dire aussi longtemps que durera l'enseignement du Sauveur, que c'est la pensée, et non l'action, qui décide du sort moral du chrétien — l'événement intérieur. Casella a eu bien raison: "L'amore di terra lontana non è un' imagine puramente fantastica. Se per la prima volta, 'en plana lengua romana', essa si affaccia ai cieli primaverili della poesia trovadorica, tale immagine vi si dischiude come fiore di ogni tempo e d'ogni stagione. Il desiderio di una indicibile felicità lontana non è un' illusione. E une presenza invisible. E realtà operante".

Ce sentiment de la réalité immédiate du sentiment intime — qui, en me révélant Dieu ou l'être divin, révèle mon moi humain (*Soliloques* de saint Augustin I, 3, 7: 'Qu'est-ce que vous désirez comprendre?' - 'Je désire comprendre Dieu et l'âme' - 'Rien d'autre?' - 'Non, rien d'autre'), alors que la réalité extérieure est sujette au doute, — est dicté, chez Augustin comme chez les troubadours, par une méfiance toute chrétienne des données des sens : il faut, pour évaluer l'importance de cette attitude, penser à sa continuité dans notre sentiment de la vie occidental : le *si fallor sum* de Saint Augustin se continue dans le *cogito ergo sum*... Même pour le douteur intégral qu'est Descartes le sentiment de la réalité de Dieu est une donnée immédiate de la *mens cogitans,* comme on a dit : un "ingrédient nécessaire de l'expérience humaine", alors que les données des sens ne le sont pas. Ce ne sont que certains modernes tels que Husserl qui, par un retour à la philosophie préchrétienne, reconnaîtront les données immédates des sens comme valables jusqu'a un certain point (cf. A. Gurwitsch, *Philosophy and Phenomenological Research* 1942). Les troubadours voient le monde extérieur emmaillotté dans les voiles du rêve, mais en revanche leur moi intérieur leur apparaît avec le relief puissamment accentué que donne la *self-evidence*—en ceci ils sont augustiniens et cartésiens (et les romantiques du XIXe siècle n'ont pas inventé la formule de Novalis que j'ai placée en tête de cet article—ils n'ont fait que rééditer l'augustianisme des troubadours).

Le mot augustinien *Noli foras ire: in interiore animae habitat veritas* est à sa place, quand il s'agit, non seulement de définir l'attitude chrétienne vis-à-vis de la vie, mais, plus particulièrement, de mettre en garde le commentateur de l'ancienne poésie provençale contre une conception trop mondaine : cette poésie n'accumule les comparaisons, les *concetti,* les rimes subtiles, les proverbes et les dictons, les allusions historiques[40] et littéraires, les anecdotes autobiographiques,[41] et tous les *Realien* que tant de dissertations relèvent avec patience, que pour illustrer[42] le grand problème *intérieur* de l'amour : le didactisme médiéval nous fait faire fausse route si nous accordons une importance en soi à des matériaux qui ne doivent que faire ressortir l'attitude morale de base. Le lecteur moderne ne doit pas se laisser distraire par un "biographic approach" que le moyen âge n'a pas connu — la véritable histoire des idées et des sentiments de cette époque ne gagne rien à ces superfétations d'histoire extérieure. Il faut lire ces poésies en tâchant de s'imprégner de leur atmosphère intime, de leur *inward form,* en suivant le fil des mots et des métaphores jusqu'au centre intérieur qui les a produits — c'est à dire en pénétrant du dehors au dedans, de l'écorce jusqu'à la moelle, en remontant des manifestations extérieures jusqu'au principe moteur[43], — non pas en rattachant un "dehors" de la poésie à un autre "dehors" (extra-poétique). Cette vérité a d'ailleurs été formulée par notre poète même, quand il dit, dans sa terminologie médiévale (VI,13) : [le poète et, je suppose, le lecteur aussi]

   No conois de rima co ·s va
   Si razo non enten en si

— 'ne peut s'entendre en poésie qui n'en comprehend pas intérieurement *le sens'.*

Pour terminer cette trop longue discussion, je me permets une espèce de pari pascalien : admettons que la théorie de Mme Frank soit juste—y gagnons ou perdons-nous ? Un des joyaux de la poésie provençale, une des oeuvres qui se détache le plus du fond gris de "monotonie ennuyeuse" que prétendent sentir tant de critiques modernes de la poésie provençale, deviendrait une oeuvre fadement ingénieuse, sans relief ni distinction ; aucun conservateur de musée ne se résignerait de gaîté de coeur à endosser une telle perte — il faudrait des raisons bien péremptoires pour le convaincre. Mais nous n'en sommes pas là, heureusement : dans le cas de Jaufré Rudel, la *critique des beautés* peut aisément être conciliée avec la vérité.

   \* \*
   \*

Je me permets de faire suivre à cette étude de détail quelques réflexions génerales sur l'état actuel des études de provencalisme. Il faut le dire *tout haut*, il faut le dire *sincèrement*, "car", comme le dit si bien D'Aubigné, "qui veut garder la justice, il faut hayr distinctement, non la personne, mais le vice, servir, non cercher l'argument,"—il faut le dire au risque de blesser des maîtres vénérés auxquels nous devons tant d'éditions de textes, tant d'explications de détails lexicographiques ou historiques, tant d'élucidations de sources: nos études de provençal ne sont que rarement imbues de la forme intérieure de la poésie des troubadours. Lisons plutôt quelques phrases, relevées au hasard dans l'oeuvre, résumant une vie entière de recherches, "La poésie lyrique des troubadours" (vol. III, 1914) de M. Jeanroy, pour nous convaincre que toute la philosophie littéraire inconsciente, dont se réclame l'article de Mme Frank et que combat Casella, s'y trouve comme codifiée:

> Autant la poésie lyrique des Provençaux est variée dans ses formes, autant elle est monotone dans son contenu.... [des] différences existent en effet, mais elles ne portent guère que sur l'expression.[44] L'amour n'a tenu, dans la poésie d'aucun temps, et d'aucun pays, une place aussi exclusive[45].... Ce n'est pas... cette passion moderne, amplifiée, vivifiée par la méditation de quelques vérités éternelles qui trouvent un écho dans toutes les âmes: la brièveté de la vie, la fragilité des choses, l'indifférence de la nature à nos douleurs et à nos joies.[46] Le moyen âge était incapable de concevoir ces idées.... Aucun d'eux n'aspire à être "l'écho sonore", qui répercute tous les bruits de l'univers, la "coupe sacrée" où viendraient s'enivrer les âmes. Ils ne connaissent rien, ne veulent rien connaître en dehors de la femme aimée.... Ils déclarent unanimement qu'ils aiment mieux mourir aux pieds de leur dame inexorable que d'obtenir de

toute autre les plus enviables faveurs . . .la plupart y [à cette idée] sont revenus avec une déplorable insistance . . . . Faut-il . . . croire que les troubadours avaient eu, comme quelques modernes, l'idée de chercher dans les tourments de l'amour inassouvi une intensité de sensations plus rare et plus précieuse que sa satisfaction même? Je ne crois pas qu'on puisse prêter â des hommes du moyen âge un pareil raffinement de pensée: ils ont simplement[47] tiré les dernières conclusions de prémisses très simples et laborieusement développé un thème paradoxal . . . . . Si la physionomie de l'amant est dépourvue d'expression et de vie, que dire de celle de la dame? Jamais abstraction plus creuse et plus vaine ne glaça un poète, ne refroidit le lecteur. . .est-ce bien une femme, ou n'est-ce pas plutôt une poupée,[48] tirée à des douzaines d'exemplaires? . . . . Le moyen âge n'a pas connu l'esprit d'analyse,[49] et ses descriptions s'en ressentent forcément . . . . Cette étroite conception de l'amour réduit singulièrement la sphère où peut se mouvoir la pensée du poète . . . . [La composition] est, de toutes les parties de la chanson provençale, la plus faible. Les troubadours ignorent absolument ce qu'est un tout logiquement agencé, ils n'ont à aucun degré l'art de grouper autour d'une idée centrale les idées accessoires propres à l'éclairer[50] . . Chacune de leurs chansons est un chapelet de lieux communs[51] dont ils peuvent à volonté reserrer ou étirer le fil . . . . il ne viendra à l'idée de personne de louer leur imagination en fait de métaphores, de comparer l'un ou l'autre à Homère ou à Victor Hugo . . . . La médiocrité du résultat tient, ce me semble, à deux causes. La première est la maladresse de la présentation [chaque métaphore est annoncée par 'comme'[52]] . . . [puis] Leur grand défaut est en effet de n'être pas naturelles[53] . . . Le caractère conventionnel des images est, en somme, le pire défaut du style des troubadours. Je n'ai pas dissimulé[54] qu'il n'était pas le seul.

A-t-on jamais vu conservateur de musée historique plus désabusé, moins épris des beautés artistiques qui lui sont confiées, s'acquittant plus grincheusement de sa tâche? Voilá donc les conclusions générales et l'appréciation de son champ de travail auxquelles arrive, après un demi-siècle de labeur de bénédictin, le doyen des études de provençal! Du haut du socle de la double statue érigée á l'Esprit Laïque ou Positiviste et au Panthéisme Romantique,[54a] il fait la leçon aux troubadours des XIIe et XIIIe siècles: il reproche aux poètes du moyen âge de ne pas être des Victor Hugo—non pas, peut-être, de ne pas être des Dante —, sans se douter de l'état un peu flétri de cette vieille gloire du romantisme à l'époque des Claudel, des Gide et des Valéry; il leur reproche aussi de ne pas être des Homère — souvenir de classe assez vague: Homère poète lyrique? Mais nous avions cru que la loi souveraine de l'historien était de replacer les événements du passé dans l'esprit de l'époque, de reconstituer le passé par la *empathy* (*Einfühlung*) de l'historien: Anatole France, travaillant en historien à sa *Vie de Jeanne d'Arc*, n'a-t-il pas écrit: "Il faut que, par un étrange dédoublement, il [l'historien] soit en même temps l'homme ancien et l'homme moderne et vive sur deux plans différents"? Pas de vie dangereuse sur deux plans à la fois, pas de dédoublement ni d'étrangeté chez nos nédiévistes: ils vivent platement, résolument, indissimulément, sur le plan moderne[55] — eux, les historicistes, qui souriraient d'être confondus avec les naïfs trouvères moyen-âgeux travestissant des Calchas en archevêques! Mais, au moins, le moyen âge *rendit hommage* à l'antiquité en la ravivant, et la revivant, sur le mode chrétien; les historicistes modernes, déchristianisés, *blâment* une poésie médiévale chrétienne au nom du romantisme soi-disant "éternel". Pauvres troubadours qui ne purent être des "échos sonores" de l'univers, — parce que l'univers qu'ils concevaient n'était pas un cosmos panthéiste! Pauvres obsédés de l'amour qui n'en voyaient qu'un aspect, celui de l'amour divin transporté sur le plan humain — nous autres modernes, nous savons être moins monotones et plus variés!—il est vrai que nous ne traiterions non plus de la Çrié veté de la vie et de la fragilité des choses dans de grands poèmes comme le *Poème Moral* ou le *Miserere!* Et avec quelle palette chatoyante de métaphores originales et nouvelles nous savons peindre nos *Erlebnis* modernes!! — il est vrai que le *original genius* ne date que du XVIII$^e$ siècle et que le *moi haïssable* peut s'épancher à son aise dans un âge qui n'est plus engoncé dans l'étroitesse d'une foi profonde! Et quand, par hasard et pour un petit moment, luit devant nos yeux éclairés une faible lueur, teinte de carrésisme, du véritable problème des troubadours ("chercher dans les tourments de l'amour inassouvi une intensité de sentiments . . ."),[56] nous brosserons loin de nous cette *fata morgana* anachronistique avec la conviction supérieure que nous donnent nos préjugés d'intellectuels modernes, hélas! si avancés: "je ne crois pas qu'on puisse prêter à des hommes du moyen âge un pareil raffinement" — à des hommes, s'entend, qui lisaient saint Augustin et qui ont produit des saint Bernard et des Abélard!

Quelle tragicomédie de la modernité: le néoprimitif aux sentiments rabougris, à la vue écourtée, incapable (en poésie comme en histoire) *de reconnaître une idée* active à une époque différente de la sienne, et qui se croit supérieur aux grands créateurs de la sensibilité et de la pensée occidentale — quelle tragicomédie de l'historisme partant pour la conquête de la vérité historique "objective" et ne rapportant comme butin qu'une indigesta moles engluée du subjectivisme de l'historien, décapitant les époques historiques et méconnaissant leur *forma mentis*, relativisant tout hors les "a priori" de la propre époque! *Difficile est satiram non scribere.*

C'est un fait capital que personne ne pourra désormais

nier : l'enseignement de l'ancien provençal (et, un peu moins, de l'ancien français) . . . *muss umkehren.* Alors que la science littéraire italienne est toujours restée plus proche des ressources spirituelles de son moyen âge, du fait de la nature supratemporelle de son Dante (et Casella peut faire appel à cette continuité) et alors que la philologie espagnole, n'ayant pratiquement pas existé avant cet homme-miracle Menéndez Pidal, a su éviter l'erreur positiviste — être né tard vous épargne quelquefois les déboires de vos ancêtres —, les littératures ancienne provencale et française ont été expliquées pendant ce XIXe siècle (qui, grâce à sa foi positiviste, a le plus fait pour exhumer et commenter des textes) d'une façon prépondérante par des professeurs qui, s'ils étaient français, se réclamaient du scientisme laïque, si étrangers, du protestantisme libéral : ils apportèrent à ces études toute leur philologie consciencieuse, leur dévouement au plus petit détail, leur piété d'archivistes — mais il devait leur manquer, dans une certaine mesure, la sensibilité aux vraies valeurs de la poésie médiévale, cette compréhension intime qui leur aurait permis de vivre, avec une partie de leur âme, au moyen âge. Singulier "dédoublement" de l' être, peu désirable celui-ci, que nous observons chez les Jeanroy et les Appel, les Foulet et les Voretzsch[57] en un philologue qui analyse des mots et un être humain restant parfaitement étranger à l'esprit des textes ! Gilson et Maritain ont changé cette atmosphére en France, Casella en Italie, Curtius et Auerbach en Allemagne — nous devons les suivre !

Leo Spitzer

The Johns Hopkins University
Baltimore, Maryland

## NOTES

1. C'est un vieux débat, déjà, qui s'est engagé, à travers six années de sympathie, entre Mme Frank et moi: les mêmes griefs contre la méthode biographique appliquée à des oeuvres d'art *avant* d'avoir fait le tour de l'oeuvre *en soi*, je jourrais les formuler contre son article tâchant d'expliquer par la biographie du poète "the wintry *mise en scène* des Lais de Villon" (MLN, 54, 125), article dont la conclusion me semble entièrement basée sur la conviction "apriorique" que Villon a *voulu* révéler des événements de sa vie pratique et que la 'wintry *mise en scène*' n'est pas d'abord un procédé *artistique*.
2. Si nous pensons à la définition du chrétion par Pascal — le païen ne connaît pas le vrai Dieu et n'aime que la terre, le Juif connaît le vrai Dieu, mais n'aime que la terre, le chrétien connaît le vrai Dieu et n'aime pas la terre — le troubadour a trouvé cette géniale solution intermédiaire de représenter un être terrestre, la dame aimée, inondé de lumière divine et de le faire participer ainsi également au divin et au terrestre, sans tomber dans le polythéisme païen ni dans le dualisme juif.
3. Proverbe dérivé d'un texte tardif, l'*Imitation chrétienne*, *cf.* Guerlac, *Les citations françaises*. Mais peut-être est-il plus ancien.
4. Avouons que les conditions historiques du temps de Rudel se prêtent mieux à la théorie de Mme Frank, tandis que l'apparition plus tardive chez les troubadours (XIII<sup>e</sup> siècle) de l'*allegoresis mariana* milite contre Appel.
5. Cet artiste de la biographie romancée me semble avoir fidèlement conservé le paradoxe troubadouresque de l'amour inassouvi: loin de ne plus comprendre l'esprit des croisades (comme pense Mme Frank), il a imaginé une réunion finale des deux amants à la Tristan *in articulo mortis* — la seule issue possible dès qu'on transporte l'attitude de la poésie amoureuse des Provençaux du plan lyrique sur le plan épique: la communion suprême des âmes au moment de la mort est la seule possibilité d'assouvissement qui puisse subsister dans un système d'idées (comme celui que professe cette poésie) excluant la vie de tous les jours partagée avec l'être aimé. Il faut bien comprendre que les *razos* sont elles aussi des oeuvres d'art, non pas des oeuvres scientifiques: ce ne sont pas des spécimens d'histoire littéraire avec le "biographical approach" des historiens littéraires scientistes d'aujourd'hui (ou d' hier), mais des *Künstlernovellen*, employant les matériaux biographiques en vue d'une fin artistique nouvelle, distincte de celle des poésies dans lesquelles elles puisent et avec lesquels elles ont en commun l'esprit. Le problème de la 'véracité' a été mal posé pour ces *enromancements*: il

s'agit plutôt de 'verité artistique'. — A relire les pages magistrales de M. Casella sur le 'roman d'aventure' que la *razo* a extrait des poésies de Jaufré, qu'elle a placé dans le temps et l'espace, en rendant 'visible' (épiquement) ce qui dans le lyrisme du troubadour n'ètait qu'aspiration intérieure.

6. Cf. *Flam.* (Levy s. v. *reclam*):

    Que vaus si·m *trais* ab la *douzor*
    De son pres e de sa valor,
    De que fag m'a aital *reclam*,
    Que de set m'auzi e de fam.

7. Je défie n'importe qui de me fournir un passage de poésie amoureuse anc. provençale (en dehors de l'école de Marcabru) où 'doux' appliqué à l'amour ait un sens despectif! La même remarque s'impose plus bas au sujet de *joi*. En effet, ces deux mots sont souvent associés, cf. Bern. de Vent. XXX, 57: "*Dousa res* ben ensenhada, cel que·us a tan gen formada [=Dieu!], men *do cel joi* qu'eu n'aten"; XLIV, "tan ai al cor d'*amor*, de *joi* e de *doussor*.

— Qu'on ne m'objecte pas Rudel V, 43:

    Ver ditz qui m'apella *lechay*
    Ni deziron d'amor de lonh,

où le pire des termes péjoratifs semble appliqué à l'amour! Le poète emploie le mot intentionnellement avec une sorte d'*antiphrase* paradoxale: 'on m'appelle goulu, glouton d'amour lointain—eh bien oui, je suis glouton d'amour lointain, *car nulhs autres joys tan no·m play Cum jauzimens d'amor de lonh*'. Sa gloutonnerie est toute métaphysique. En emploiant le mot bas, il accentue sa distance de toute affection physique Cf. encore I, 8: *D'un' amistat suy enveyos - quar no say joya plus valen c'or e desir* — le terme *enveyos = invidiosus*, voulument péjoratif, est neutralisé par le semi-religieux *orar* (je ne crois pas avec Caselle à un *amor amicitiae*, "pura soggettività, che intuisce se stessa" etc.!).

Qu'on ne m'objecte pas non plus l'emploi de *dolzor conina* (>*cunnus*) et de *amor* péjoratif chez Marcabru: M. Scheludko a très bien montré dans *ZFrSLLX*, 283 que ce troubadour d'inspiration moraliste pense toujours à la dualité 'bon amour - mauvais amour' (et, par conséquent, se place en dehors des troubadours courtois, par lesquels il est peu imité).

8. Appel a senti cette difficulté dans son interprétation allégorique: "*Dintz vergier o sotz cortina* aber hat der Dichter eingefügt, um, *freilich in recht bedenklicher Weise* [souligné par moi], sein doppelsinniges Spiel durchzuführen ..." En effet, *recht bedenklich!*

9. Je me rallie donc à l'observation de G. Paris sur le dualisme évident

dans ce morceau et ne trouve pas convaincante la thèse de Casella, pour qui la dame est toujours une allégorie du vrai Bien auquel aspire le troubadour, et qui, par conséquent, ne peut voir de solution de continuité entre les deux parties (l'amour lointain "può nella realtà convertirsi in amore di altra terra lontana: la terra dove Cristo ..."). Je ne vois pas comment *mon bon guiren* pourrait être, non pas le Sauveur, mais seulement le "principio attivo che opera in lui [le poète] ... e mettendolo in armonia con se stesso": à noter *guerimen* au v. 23 au sens de 'salut' et la mention expresse du Christ au v. 41 et de Dieu au v. 37. Pour moi, la tonalité des termes religieux précis des str. V - VI discorde avec celle des termes semi-séculiers (p. ex. du détail physique *que·l cors a gras, delgat e gen*) de I- IV. Au fond, la gratuité de l'amour mène aisément à l'abandon de cet amour 'sans issue': Guillaume IX dans son *devinalh*, pour le cas où sa dame rêvée lui venait à manquer, imagine une autre femme — Rudel, moins capricieux, plus dévot, voit le pèlerinage comme issue suprême. D'autres troubadours emploient le cliché 'si ma dame ne veut pas de moi, j'irai en exil' (ainsi Bernard de Ventadours, Appel, Chrest. n° 17), quelquefois combiné avec la mention d'un autre amour (ib., n°45). Toutes ces attitudes d'abandon provoquées par les 'grappes trop aigres' ne devraient pas être trop prises au sérieux: ce sont les possibilités latentes dans le paradoxe troubadourique, qui, de par sa nature, est basé sur 'une situation intenable'. Le pèlerinage, l'exil, un autre amour — ou même la mort, sont des issues désespérées dans une situation voulue sans issue, obstruée.

10. Serait-ce une expression très naturelle dans le cas où la dame serait l'allégorie de la Terre Sainte? Dirait-on: "L'Amérique est la plus belle femme parmi les Européennes *et les Américaines*'?

11. IV, v. 25: E laus en *lieis et Deu* e lor.

12. Il est caractéristique de nos lexicographes modernes que ni Levy ni Appel (en opposition avec la pratique de Raynouard) n'incluent *man (n) a* dans leurs glossaires *provençaux*—le 'mot savant', à leur grés peu intéressant, n'appartient pas à la langue puisqu'il est international! Quelle confusion de la civilisation médiévale universaliste avec les casiers de l'étymologiste du XIXe siécle!

13. Cette joie céleste fait rire: dans la *Div. com.* les âmes du Paradis rient, cf. *Par.* V, 127; XVII, 36 suiv. Quand un troubadour dit que la joie d'amour le fait rire, il exprime son sentiment de béatitude supraterrestre, mais nos éditeurs, probablement parce qu'ils n'y voient qu'une 'simple métaphore', **suppriment** ce détail significatif: ainsi dans Jaufré Rudel IV, 11 *ni per nuill joi aitan no ri* est traduit par Jeanroy 'aucune

joie ne le *réjouit* autant', et même par Casella: 'nè d'altra gioia si *diletta* tanto.'

14. Il ne faut pas confondre cette idée avec celle de Marcabru, qui s'inspire plutôt de l'aigre sagesse de Salomon que de l'amour courtois (XLIV):

>Salomos ditz, et es guirens,
>C'al prim [l'amour] es dousa cum pimens,
>Mas al partir es plus cozens,
>Amar' e cruzels cum serpens

(=Prov. Sal. V, 4: 'amara quasi absynthium et acuta quasi gladius biceps')

(XVIII)   Plus suau poing, qu'una mosca
          Mas plus grue n'es hom

Dans la poésie de Rudel n° IV (31-32) il y a un passage où M. Jeanroy propose d'interpréter *amor* = 'amour coupable': après s'être vanté de l'accroissement de sa valeur à la suite du retour à son véritable amour, et nous avoir assuré qu'il ne croira jamais plus les *lauzenjador*, le poète écrit:

>Qu'anc no fuy tan lunhatz d'amor
>Qu'er non sia sals e gueritz,

ce que Jeanroy traduit: 'car jamais je n'ai été plus éloigné d'amour [coupable], si bien que maintenant (?) j'en suis sauf et guéri'. Non: le poète veut dire qu'il ne s'est jamais tant éloigné de son vrai amour (idéal) qu'il n'eût maintenant plus de possibilité de retour (cf. pour le mouvement de la phrase III, 51-53).

15. Casella interpréte bien: "Nessuno quindi lo compianga se egli resta in quell' ineffabile unità della sua vita profonda, che è movimento spirituale verso ciò che lo innamora". Sur l'envoi je diffère de l'opinion de Casella, v. plus loin.

16. Il faut dire ici que Jaufré Rudel est, dans l'art d'exposer son sentiment *dans le temps*, un des rares prédecesseurs de Dante. La plupart de ses confrères provencaux connaissent cette sorte de piétinement sur place qui donne à leurs poésies pleines de redites et de "rebrousse-chemin", à nos yeux du moins, un aspect statique et "ennuyeux". Tout développement d'une émotion, suivant sa propre courbe à l'intérieur d'une unité poétique, manque, et il y manque même le fil logique d'un traité, auquel ces poésies sont souvent apparentées. C'est comme si la 'situation sans issue' se reflétait dans une forme à jamais stagnante. Au contraire, Jaufré Rudel et après lui Dante, savent suivre la courbe d'un *Erlebnis*, d'un moment vécu, dans une poésie qui est une sorte de "moment musical" et qui "a un commencement et une fin".

16a. Le fait si souvent remarqué que les poésies des troubadours, au contraire des poésies latines qui les ont précédées, ont le *Natureingang* (qui traite toujours du printemps) *au début*, me semble pouvoir être expliqué par une sorte d'apologétique chrétienne: on sait que le retour de la belle saison après l'hiver était l'un des arguments favoris de la philosophie grecque quand il s'agissait de prouver le renouvellement inhérent à la nature, alors que p. ex. Saint Augustin attaqua ce biologisme et lui substitua l'idée de la création par un Être Suprême, supérieur à la nature (cf. E. Frank, *Augustine and Greek Thought*, Cambridge 1942). En assujettissant le renouvellement de la nature à l'idée de l'Amour et de l'Harmonie émanant de Dieu, les troubadours témoignent bien de leur christianisme: le renouveau est toujours un peu l'effet mystique de cette Résurrection Pascale, telle que nous la décrit Fortunat (v. Scheludko, ZFSL, LX, 261). (Ce christianisme foncier est naturellement, comme nous avons eu l'occasion de le dire si souvent, sécularisé chez les troubadours, puisque c'est la Dame qui usurpe la place de la divinité.) Dans la restriction vis-à-vis de la nature que s'impose la poésie des troubadours (en ne la traitant qu'en fond de tableau) il y a beaucoup d'esprit ascétique: la nature en elle-même n'est rien — M. Pongs, *Das Bild in der Dichtung* I, 210, développe cette idée que le moyen âge chrétien considérait la nature en elle-même comme une distraction; temoin ce moine du *Hortus deliciarum* de Herrad von Landsperg qui tombe du dernier gradin de l'échelle menant vers le ciel, parce qu'il s'est laissé distraire de la douceur divine par la douceur des fleurs de son jardin: la nature n'est admise en général qu'en tant qu'elle 'enseigne' les mystères divins (Saint Bernard: "Des arbres et des pierres t'enseigneront ce qu'aucun maître ne te pourra faire entendre"). Le christianisme connaît donc une tendance vers, pour le dire avec les mots de Scheler, "eine ungeheure Entlebendigung und Entseelung der ganzen Natur". J'ajoute le passage de saint Augustin qui rappela à l' 'homme moderne' Pétrarque, devant le panorama qui s'offrait au touriste ayant fait l'ascension du Mont-Ventoux, le *reditus in se ipsum*: "*Et eunt homines admirari alta montium et ingentes fluctus maris et oceani ambitum et giros siderum, et relinquunt se ipsos*". Le *Natureingang* 'enseigne' l'harmonie universelle de l'amour divin, de laquelle se détachent les sentiments particuliers du poète: le fait humain et lyrique est placé dans le cadre de l'harmonie universelle émanant de Dieu. C'est encore ainsi dans la première strophe de la *Nuit de Mai* de Musset, c'est à dire de la poésie ouvrant le cycle de ces *Nuits* qui glorifient la force *rénovatrice* que possède l'âme humaine de par un Créateur *bon*: cette première strophe est un *Natureingang* style troubadour, faisant appel au renouveau dans la nature.

17. Je n'ai jamais cru à la vérité du vers *A thing of beauty is a joy forever*: il faudrait remplacer *joy* par *grief*: si une oeuvre parfaitement belle, de la nature ou de l'art, nous fait 'pleurer de joie', notre jouissance se complique du sentiment: 'combien la chose parfaite n'est pas de ce monde!', du regret terrestre dont elle se détache par exception. C'est ce qui produit aussi notre mélancolie 'romantique' vis-à-vis de l'harmonie de la nature ou de la musique. Déjà Pétrarque a senti ce sentiment moderne devant le panorama du Mont-Ventoux:"*Suspiravi*, fateor, ad italicum aerem *animo potius quam oculis* apparentem".

18. On peut comparer les poésies latines parallèles du moyen âge: p.ex. les *Verna femina suspiria* dans les *Cambridge Songs* (*Levis exsurgit Zephyrus*, — partout dans la nature il y a *gaudia*, mais la jeune fille soupire: *sola sedeo ... nam mea languet anima*) et les *Carmina Burana* (*Tempus instat floridum—eia qualia sunt amoris gaudia*—mais cette Gretchen avant-la-lettre, enceinte et craignant la diffamation, soupire: *Iam dolore morior, Semper sum in lacrimis*.) — Qu'on étudie la transposition du motif lyrique en poésie narrative: dans son *lai* "Laüstic" Marie de France nous montre cette nature parfaite invitant à l'amour — et puis le crime contre l'harmonie amoureuse que commet le mari en tuant l'oiselet, la gorge vivante par laquelle la Nature répand ses louanges du Créateur.

19. C'est l'attitude qu'on a vis-à-vis des pélerins, cf. Peire d'Alvernhe (Appel 80, 28): [un jongleur] *semblaria us pelegris malautes, quan canta·l mesquis, qu'a pauc pietatz no m'en pren.*

20. C'est la même faute qui a causé l'admission d'une prison véritable qu'aurait enduré l'auteur du *Libro del buen amor*, alors que, comme je crois avoir prouvé, il ne pense qu'à la prison, toute métaphorique, infligée à l'homme pécheur par Satan.

21. G. Paris pensait même pour notre passage à un véritable coquillard, puisqu'il s'agirait d'un pélerinage, non pas à Jérusalem, mais à Saint-Jacques. Et la phrase où Jaufré nous dit qu'il accepterait par amour de sa dame d'être prisonnier des Sarrazins serait "une simple manière de parler qui n'implique aucune intention d'aller dans leur pays".

22. M. Casella a bien expliqué ce 'parâtre' (*pairis*) qui *enaissi:m fadet* (cf. l'expression de Guillaume n°4: *Qu'enaissy fu de nueitz fadatz*) par la nature paradoxale de l'amant dont le coeur et le corps désirent des choses différentes.

23. Cette abstraction 'entité stylistique' a au moins autant de réalité que les abstraction de la grammaire (p. ex. le subjonctif) ou de la métrique (p. ex. le sonnet). Seulement, parce que les 'entités stylistiques' doivent être établies pour chaque époque, chaque auteur et même cha-

que oeuvre, il faut plus de flexibilité d'esprit et plus de sensibilité individualisante, plus d' 'imagination précise' pour les découvrir. Une erreur due au même manque d' individualisation est celle que je discuterai à la n. 26 (*devinalh - fatrasie*).

24. Cf. le même anéantissement de l'espace par le rêve de l'amoureux dans III, 33 seq.: le corps n'a 'ni cime ni racine' loin de la dame et l'esprit est avec elle si le corps repose 'sous les couvertures'. Ainsi, chez saint Augustin, le lieu où se trouve Dieu est considéré "quasi locus ibi esset, qui non est locus, de quo solum dictum est quod sit donum tuum. In dono tuo requiescimus; ibi te fruimur. Requies nostra, locus noster. Amor illuc attollit nos" — le 'lieu' où nous attire l'amour, est un 'non-lieu'. Augustin, dans sa théorie de la gravitation de l'âme vers son lieu 'naturel' (*pondus meum amor meus*), a soin de relever le caractère idéal de ce 'lieu'. — Je ferai remarquer ici que 'l'amour lointain' n'est pas chose isolée au moyen âge: Raymond Lulle dans une 'metáfora moral' insérée dans son roman *Blanquerna* nous enseigne que l'amour est 'mêlé' harmonieusement (comme une boisson on comme le climat, d'apres la conception grecque) de voisinage et de lointain: "Eguals coses son *propinquitat* e *lunyetat* enfre l'amich e l'amat; car conmesclament d'aygua e de vi, se mesclen les amors del amich e l'amat, e enaxí com calor e lugor s'encadenen en lurs amors; enaxí com essencia e esser, se convenen e s'acosten." Dans ses *Prisons* Marguerite de Navarre fait l'éloge d'une mystique (probablement Catherine de Sienne v. *Dernières Poésies* éd. Lefranc, . 230) qui a donné au bien-aimé divin, au Christ descendu dans la chair, le beau nom *Gentil Loin Pres*.

25. Peut-être Guillaume a-t-il même combiné les traits d'énigmes latines différentes—puisque son *driet nien* rappelle aussi la définition citée de *nihil*. Les énigmes citées par M. Scheludko se trouvent dans la *Disputatio Pippini cum Albiono* d'Alcuin (IXe s.), publiée par Wilmans, *Zeitchr, f.d. Alt.* XIV, 530. En étudiant ce remarquable traité philosophique sous forme de catéchisme (dans lequel l'éditeur a pu voir en 1869 "Albernes" — du saugrenu!), nous appercevons, à travers les questions et réponses, un esprit vraiment philosophique qui débat la question de la *réalité*: nous remarquons que la réalité de phénomènes irréels, devant l'impression de réalité au mot qui les désigne, est le sujet qui revient constamment (l'écho, l'image, le feu, le rêve, le néant — sont-ils des réalités?), et la définition énigmatique choisie contient en général l'assertion en même temps de l'existence et de la non-existence. Le cas typique est celui-ci: Alb. "Quid est quod est et non est?"—Pipp.: "Nihil." Alb.: "Quomodo potest *esse et non esse?*" — Pipp.: "*Nomine* est, et *re* non est." La conscience du 'réel irréel' est bel et bien un trait de l'esprit

chrétien et médiéval, pour qui le monde invisible existe et le monde visible existe comme s'il n'existait pas. La méfiance des sens extérieurs s'exprime par un *vidi* six fois répété, alors que les choses vues sont les 'irralités réelles', p.ex. '*Nuper vidi* hominem stantem molientem ambulantem, *qui numquam fuit*' (solution de l'énigme: l'image dans l'eau)—l'élève doit exercer son oeil intérieur. On peut comprendre la note médiévale quand on compare les sources de notre dialogue: Symposius avait présenté l'Echo comme une vierge chaste, réservée dans ses paroles; notre texte définit l'écho d'aprés le patron d'idées caratérisé plus haut: "*Quis est qui non est, et nomen habet* et responsum dat sonanti?" Nous comprenons maintenant combien l'esprit énigmatique est apparenté à celui du rêve et combien facilement les énigmes que propose la vie hu chrétien peuvent se transformer en poésie du rêve. La poésie de Rudel est *in nuce* présente dans la *Disputatio* d'Alcuin.

Le paradoxe de la vie chrétinne mène aussi à l' 'esprit', à cet 'esprit français' dont nous avons parlé dans le texte: nous ne serons pas autrement surpris de trouver des réponses paradoxales et 'spirituelles' dans notre *Disputatio*: la condition de l'homme sera ainsi définie sept siècles avant Pascal: "Quid est homo?"—"Mancipium mortis, transiens viator, loci hospes."—"Quomodo positus est homo?"—"Ut lucerna in vento." "Quid sunt pedes?" — "Mobile fundamentum" — chaque réponse un paradoxe comme le *roseau pensant!* Alcuin 'fait de l'esprit' comme Guillaume IX et, *quod erat demonstrandum*, l' 'esprit français' découle de l'esprit chrétien, qui voit le paradoxe de l'existence humaine. Les définitions que donnent les Français depuis le XVIII$^e$ siécle de leur 'esprit' (Voltaire: 'Tu as des idées combinées, tu dis esprit'; Rivarol: 'L'esprit est, en général, cette faculté qui voit vite, brille et frappe. La vivacité est son essence; un trait et un éclair sont ses emblèmes'; Lanson: [la forme exquise de l'esprit francais,] c'est cet esprit sans épithète, fine expression de rapports difficiles à démêler, qui surprend, charme et parfois confond par l'absolue justesse, où l'expression d'abord fait goûter l'idée, où l'idée ensuite entretient la fraîcheur de l'expression"; Thibaudet: "L'esprit clair et précis, oratoire et raisonneur, délicat et sceptique, qui tisse les mailles souples, fines et sèches, du génie francais") ne sont possibles que depuis l'avénement du cartésianisme: depuis le régne de la Raison l' 'esprit' en France ne plonge plus dans la pénombre de la vie de rêve du chrétien, mais adoucit en quelque sorte la tyrannie de cette reine absolue. Toujours est-il que c'est l'esprit du paradoxe chrétien qui a rendu possible l' 'esprit' français moderne, l'aperçu rapide de situations complexes—et même la vivacité du scepticisme. Alcuin était un sceptique brillant vis-à-vis de la vie! Un autre dérivé séculier de l'esprit

qui nie la vie, est le *concetto* précieux ou baroque, qui 'fait de l'esprit'
avec la vie: le *mobile fundamentum* (=pedes) Alcuin anticipe le *conseiller des grâces=miroir*.

26. Erreur impardonnable de la part de l'illustre historien de la littérature médiévale: comment n'a-t-il pas vu la différence entre un moule d'idées consistant à contraster des faits incompatibles seulement dans *l'esprit* du troubadour (*no suy estrains ni suy privatz- amigu'ai ieu, no sai qui s'es - anc non la vi et am la fort*) et cet autre moule d'idèes qui consiste à juxtaposer des détails *physiques* incompatibles (*Fatrasies d'Arras* du XIIIᵉ s.: *Biau tens de pluie et de vent Et cler jor par nuit obscure Firent un tornoyement*, cf. L. E. Arnaud, *French Nonsense Literature in the Middle Ages*, diss. de New York University, New York 1942)?

27. Je ne sais s'il n'y a pas une note de pessimisme heideggérien dans cette phrase de l'explication, d'ailleurs fine, de M. Casella:

Quello che egli [Guill. IX] sente è il vuoto: il vuoto incolmabile, senza giungere, per vie traverse, la nota di una passione che dice il vuoto della sua anima.

A lire M. Casella, on penserait à la *Grundbefindlichkeit* de l'homme selon Heidegger, l'Ennui—or rei n n'est plus lestement enlevé que le *devinalh* le Guillaume, où le poète se moque de son imagination et de la dame (qui n'est pas celle 'de son coeur'), et qui se plaît à l'envoi d'un 'rien' par des canaux compliqués (*trametrai lo a selhui que lo·m trametra per autrui... Que'm tramezes...*). Nous verrons plus tard que M. Casella fait complètement abstraction *du ton* d'une poésie. Je crois que, par M. Scheludko et son analyse vraiment philologique d'un genre médiéval, nous sommes à même de comprendre réellement la technique du *devinalh*.

27a. Je n'admets donc ni (avec Ramiro Ortiz et Scheludko) l'influence directe du *devinalh* de Guillaume IX sur la poésie de Rudel ni (avec Casella) l'élaboration parallèle d'un même sujet, mais l'influence du style et de l'atmosphère du *devinalh* sur Jaufré.

28. L'insistence sur le 'non-voir' veut dire que Jaufré Rudel tue en lui-même la *concupiscence*. Car 'voir', pour Aristote le désir naturel de l'homme, est l'attribut prépondérant pour saint Augustin (*Conf*.X,35) de la 'curiosité', c'est à dire de la concupiscence; la vue a selon lui le primat sur les autres sens dont elle peut usurper la place —: *Utimur enim hoc verbo etiam in ceteris sensibus cum eos ad cognoscendum intendimus* [on dit *vide quid sonet, oleat, sapiat, quam durum sit*, alors qu'on ne peut pas dire *audi quod rutilet, olfac quam niteat* etc.]. *Ideoque generalis experientia sensuum concupiscentia sicut dictum est oculorum vocatur.*

D'autres troubadours ne se lassent pas de proclamer que le vrai amour (idéal) entre dans l'âme par les yeux (cf. pour l'histoire de cette théorie, également ancienne, des affections de l'âme, Wechssler, *Kulturproblem des Minnesangs*). Jaufré Rudel est plus spiritualiste, plus augustinien.

Contrairement à la critique de l'amour courante depuis La Rochefoucauld à travers Chamfort jusqu'à Proust ("on ne possède rien dès qu'on aime"), ce troubadour nous dit: On ne possède qu'en aimant.

29. Je ne comprends pas bien comment Casella, tout en reconnaissant l'identité de motif, développé d'après les 'normes de l'école' d'une façon différente dans les deux poésies, peut dire que, tandis que Jaufré "s'arresta alla contemplazione dell' imagine" (ce que j'approuve), Guillaume IX:

> invece anela di sostituire all' immagine femminile che ha dentro di sè, la presenza reale e la conoscenza affettiva della donna che ama. La differenza non è lieve; e non va punto trascurata. Ognuno è quello che è il suo amore. Ognuno è l'anima de' suoi proprii sogni.

Ainsi Guillaume IX deviendrait un matérialiste de l'amour, ce qui serait en contradiction avec la théorie spiritualiste que M. Casella embrasse dans le reste de son article. Mais Guillaume me semble ici se moquer plutôt de la gratuité de son rêve: si je vois telle femme en rêve, c'est bien; si je ne la vois pas, c'est également bien, j'en puis imaginer une autre plus idéale .... C'est la glorification capricieuse de la puissance créatrice du rêveur, qui peut enfanter un nombre illimité d'images. Guillaume IX *se sent supérieur* à ses rêves — aucun séparément ne circonscrit, n'épuise sa personnalité, qui peut en créer d'autres. Jaufré *se soumet* à son rêve d'amour 'fatal'. Les deux poètes préludent à deux tendances romantiques, qui se trouvent réunies dans Musset et Heine — chez qui tantôt l'esprit, tantôt le besoin de fatalité dominera.

L'emploi dans les deux poésies du verbe *fadar* dont j'ai parlé plus haut à la note 22, me semble illustrer cette différence d'attitude: Guillaume IX dit qu' *enayssi fu de nueitz fadatz, Sobr'un puez au* (il a trouvé son *vers* 'en durmen sobre chevau') — le *fatum* qui a engendré ce rêve est plutôt le caprice d'un moment. Chez Rudel (dans la str. considérée comme apocryphe par G. Paris) il s'agit du vrai *fatum*:

> *Mal me faderon mey pairi* ('mes parrains' — c'est à dire: 'je suis condamné dès ma naissance')
> *s'amor m'auci per lieis que m'a.*

Je dois placer ici mon opinion sur la tentative de M. Casella de prouver authentiques les deux strophes que G. Paris et Jeanroy ont considérées comme apocryhes: elles sont dans le ms. C, intercalées après la str. IV (authentique) — et la mention de *amor lonhdana* dans l'une d'elles (si authentique) serait pour nous une preuve irréfutable de l'appartenance de toute la poésie n° VI au cycle de l'amour lointain:

>Un' amor lonhdana m'auci
>e·l dous dezirs propda m'esta,
>e quan albir qu'en me·n an la
>en forma d'un bon pellegri
>mey voler son siei ancissi
>de ma mort qu'estiers no sera.
>Peyronet, passa-riu, di li
>que mos cors a leis passara
>e si li platz alberguar m'a
>per que·l parlamen sera fi.
>Mal me faderon mey pairi
>s'amors m'auci per lieis que m'a.

Les str. V et VII qui suivent et qui sont considérées comme authentiques par tous les critiques, contiennent l'idée de l'impossibilité de jamais jouir de l'amour de la dame, de sa 'neutralité', de l'excellence de ce *vers* qui devra être répandu en Querci et dans le comté de Toulouse.

M. Casella revient par deux fois à ces strophes, d'abord pour montrer qu'elles sont tout à fait dans le mouvement d'idées de la poésie, que celle-ci demande même ces strophes, et il corrige ligne 5 ainsi: *mei voler son siei enaissi* en traduisant: 'tutte le mie ansie sono quelle così della mia morte; la quale del resto non averrà' et il interprète 7: 'il mio cuore farà il passaggio con lei' ("che non è quello d'oltretomba, ma quello d'oltretempo") — et, une seconde fois, pour reprocher à G. Paris de s'être rendu coupable d'une sorte de *petitio principii*, en niant l'authenticité de strophes, qui ont le seul tort de concorder avec la *razo* et d'établir l'historicité de celle-ci (que G. Paris conteste), et en tâchant de prouver que dans ces strophes il n'est parlé ni de la mort pressentie par le troubadour (ce que G. Paris ne pouvait pas s'expliquer chez un croisé "jeune et en pleine santé") ni de la croisade.

Ce que nous pouvons retenir de l'argumentation de M. Casella, c'est que les deux strophes sont en parfaite harmonie avec l'esprit des autres chansons du cycle: si elles sont l'oeuvre d'un jongleur postérieur, comme le veut G. Paris, il a, de son côté, vu le trait d'union par lequel nous, Casella et moi, aimons à relier VI à II et V: *en forma de pellegri* est une hypostase excellemment bien définie de l'âme du poète; les antithèses *lonhdana - propda, me·n an la - ma mort, m'auci - m'a* cadrent avec le paradoxe rudellien; le dédoublement de l'âme en *albir* (=*arbitrium*) et *mey voler* (=*desideria*) répond à l'auto-analyse constante du poète etc. G. Paris a évidemment tort de trouver surprenante la hantise de la mort, puisque le poète nous dit que son intellect lui conseille d'aller rejoindre la dame, tandis que ses désirs charnels sont comme des assassins (v. plus bas) soudoyés par elle pour le tuer — façon toute métaphorique, naturelle chez le poète, de dire que ses désirs charnels le tuent, lui qui aimerait tant vivre et la voir.

Et pourtant, vis-à-vis des autres objections de G. Paris contre nos strophes, M. Casella se comporte avec une désinvolture, je dois le dire, impardonnable: comment la str. surement authentique pourrait-elle suivre la deuxième de nos strophes, qui a l'air d'un envoi, donc d'une fin de poésie, et dont le ton plaisant jure avec V, qui, à son tour, est au dispason de IV? Ensuite, Casella ne s'occupe pas de l'argument formidable, militant pour G. Paris, de *ancissi*, mot devant être compris comme 'les assassins' dans ce passage, mais qui, d'après G. Paris dont la documentation historique est, de l'aveu de M. Casella lui-même, impeccable, ne se trouve pas attesté avant 1180 (Rudel est censé avoir pris la croix en 1147) — et en effet, M. K. Lewent, qui a récemment traité de ce motif anc. prov. (sans d'ailleur mentionner notre strophe) dans *Neuphil. Mitt.* 1937, p. 31, n'a pas de textes plus anciens. Allons-nous vraiment abandonner l'excellente interprétation de Suchier *ancissi* = 'les Assassins' (dont l'emploi métaphorique concorde d'ailleurs avec l'emploi du mot chez Gu. de Bornelh d'après M. Lewent: ce sont des *sbirres* ou *bravi* soudoyés par la dame pour tuer le fidèle serviteur), pour nous contenter de l'à-peu-près imaginé par M. Casella (texte hypothétique qui n'est ni du provençal ni même de l'italien: 'le mie ansie sono *quelle così* (!!) della mia morte'; le vers suivant a évidemment le sens: 'cela n'en sera pas autrement' = ma mort est inévitable; je ne comprends pas la correction, lourde de sens abscons, proposée pour le v. 7)? Et maintenant, après avoir constaté ces incongruités, nous pouvons nous laisser aller à l'impression que la seconde strophe après tout pourrait être un démarquage des autres poésies. L' idée centrale de l'amour non-vu, non-joui etc. est bien suffisamment rendue par la poésie, telle que l'impriment nos éditions critiques.

S'il faut donc selon moi retrancher ces strophes, il reste que cette réélaboration postérieure est l'oeuvre pleine de goût d'un commentateur d'après 1180, qui, à 30 ans de distance, comprenait merveilleusement bien le paradoxe qui est à la source de la poésie de Rudel, comme 100 ans plus tard, la biographie témoignera de la survie de ce problème, rattaché par le biographe à la personne empirique de troubadour. Ces deux témoignanges jalonnent la courbe de la compréhension, par le public, de la poésie si originale et si hermétique de Rudel — et ils prouvent

que l'interprétation offerte par des modernes comme M. Casella et moi était bien *la leur* — ce qui consolide notre position en tant qu'historiens.
30. Veut-on une preuve de la persistence de la technique du *devinalh* et du paradoxe réel-irréel dans la poésie moderne? Voici une poésie de l'Espagnol contemporain Luís Cernuda, *Como leve sonido,* qui est comme une réédition des poésies des troubadours:

>... Como esta vida que no es mía
> Y sin embargo es la mía;
> Como este afán sin nombre
> Que no me pertenece y sin embargo soy yo;
> Como todo aquello que de cerca o de lejos
> Me roza, me besa, me hiere,
> Tu presencia está conmigo fuera y dentro,
> *Es mi vida misma y no es mi vida,*
> Así como una hoja y otra hoja
> Son la apariencia del viento que la lleva.

C'est le sentiment 'baroque' qui se perpétue encore aujourd'hui en Espagne — sentiment qui était général à l'époque baroque en Europe (Angelus Silesius, XVIIe siècle: "Ich weiss nicht was ich bin, ich bin nicht was ich weiss: *Ein Ding und nicht ein Ding,* ein Tüpfehen und ein Kreis") et qui en dernier lieu est un de ces traits de l'âme médiévale que la Renaissance n'a pas pu déraciner en Espagne.

Peut-on admettre une survivance de la technique de la devinette dans ces formules initiales des contes populaires du type (espagnol de Chile) *Ést' era y no era doña Juana Tijera,* (Mallorque) *Aixo era i no era,* (roumain) *A fost odată ca nici odată* 'cela a été une fois comme nulle fois', dont M. Giese, *Miscelanea ... Alcover* (1932), p. 34, relève le "eigentümliche Schwebezustand zwischen Wirklichkeit und Nichtwirklichkeit.., der dem Märchen eigen ist" — n'est-ce pas précisément la devinette qui a donné cette formule au "Märchen"? C'est d'autant plus probable que les contes de fées insistent le plus souvent sur la *vérité* du récit (aussi à la fin de l'histoire) et que les formules du type 'vous devez croire cette histoire' suivent généralement le *era i no era,* de sorte que le 'balancement entre la réalité et l'irréalité' apparaît vraiment comme un élément adventice, emprunté à la devinette.

31. Je ne suis pas d'accord avec M. Casella quand il écrit:

> L'intuizione sentimentale si amplia. si specifica e si raccoglie in una visione oggettiva. Ed è il ricordo della dimora della sua donna: un ricordo di cose, ma tutto impregnato di soggettività, perchè investito e trasfigurato da un sentimento che non sa staccarsi in alcun modo da se stesso.

Ce poète devient ainsi un Narcisse retrouvant partout sa propre image — mais verrait-il vraiment seulement soi-même dans le lit où repose cette dame, dans le palais médiéval avec ses tours, et dans le mari qui est pourtant un *gilos* (je vois au v. 45 dans le pluriel *gilos brau* une allusion un peu voilée au vieux jaloux de mari) ? Ce sont pourtant des détails très graphiques: ce *jay* suggère un 'lit' et c'est un détail pénible à imaginer pour le poète (nous nous rappelons que, par le regard que jette saint Alexis sur le lit nuptial, le Moyen Âge a assez prouvé sa capacité de donner à une 'chose' sa valeur symbolique). Je crois que nous ne gagnons rien à supprimer toute évidence d'objectivité: cet amour se meut sur une courbe qui part et s'éloigne de celle-ci (dans notre poésie, le poète dit que, dormant lui-même 'sous la couverture, — détail graphique — il sent son corps et son esprit migrer vers la dame) ; c'est la gageure imposée au poète que de devoir 's'éloigner' du palpable, mais le palpable reste là pour mesurer le parcours de son évolution. Casella ne voit que subjectivisme, alors qu'il y a subjectivisme évoluant *à partir de l'objectif*.

32. Je n'oublie pas l'image paradoxale du cheval du poète qui, plus il se rapproche de la dame, plus s'en éloigne (va *a reüsos*, à rebours) — image de cette gratuité d'un amour affranchi de tout pragmatisme et image de sa folie, si l'on veut appliquer la norme de la raison. Beaucoup de troubadours répéteront et varieront cette métaphore et Lancelot sera l'incarnation de la folie amoureuse, qui n'est rien d'autre que 'l'irréalité réelle' d'un sentiment fort, poussé au paroxysme. Nous avons dans ces vers de Jaufré Rudel le *topos* du 'monde à rebours' et des *disparates* ("verkehrte Welt"), dont Curtius ZRPh LVIII, 154 seq. voit les antécédents dans l'*adynaton* ancien et les discussions scholastiques sur des *impossibilia* — ce topos serait ici appliqué à l'amour comme chez Arnaut Daniel (cité par Curtius — évidemment Jaufré Rudel a précédé Arnaut Daniel) : ces folies que s'attribue le poète aimant, contribuent à l'irréalisme de cette poésie et mènent en droite ligne au développement de l'"esprit", à ce jeu de l'esprit fonctionnant à vide devant l'irréalité dont je parle plus haut.

32a. Ici encore nous autres philologues, nous pouvons apprendre des théologiens, qui, pour expliquer la parole de Dieu, ont dû approfondir des problèmes de style: Jülicher nous illumine sur la méthode de substitution qui est demandée au lecteur d'une oeuvre allégorique: "Nicht vergleichen soll ihr Leser, sondern ersetzen".

33. Je ne sais trop ce que peut signifier le terme 'réalisme' appliqué au moyen âge. Veut-on exprimer la conformité avec la réalité de la vie, on ne pourra alors pas en exclure la réalité de tendances mystiques, re-

ligieuses, guerrières ou plus généralement de tendances 'Idéalistes,' de tendances vers l'exemplaire dans l'âme humaine: le terme 'realisme' semble vouloir impliquer que l'homme-minima, peu idéaliste, est l'homme véritable — philosophie désabusée, attitude désespéramment nivelante du "stupide XIX<sup>e</sup> siècle" que le moyen âge ne connaît généralement pas. Veut-on par contre indiquer par le terme cette certaine évidence vitale de la présentation artistique, qui nous fait l'impression du 'vu, palpé, senti', on ne pourra pas nier que, si la poésie des troubadours n'en est pas particuliérement pourvue (mais voir notes 16 et 31), en revanche des oeuvres comme, par moments, le roman de Flamenca, les lais de Marie de France, Joinville et, toujours, Dante, peuvent pleinement nous donner cette évidence de la vie réelle— mais alors le terme platonique *mimesis*, employé par M. Auerbach, s'imposerait plutôt pour des besoins de clarté. Qu'enfin on veuille indiquer par réalisme médiéval la conformité de l'oeuvre artistique avec les événements de la vie pratique de l'auteur—on commettra alors la faute d'attribuer une attitude autobiographique à des poètes qui n'ont visé qu' au suprapersonnel, au général: nous n'avons guère qu'à étudier la stylisation idéaliste (légendaire, romanesque etc.) de la matiére biographique dans des oeuvres médiévales censées être des mémoires (p. ex. Villehardouin) ou dans des biographies romancées, comme la Vie de S. Thomas de Cantorbéry ou de Gilles de Chyn, pour nous convaincre de la vanité du 'biographic approach'.

34. Ce qu'on peut reprocher à M. Casella, c'est que, exaspéré par l'incapacité des philologues de lire véritablement, c'est à dire de se laisser pénétrer par l'atmosphère - apriorique! - des poésies, et par leur tendance à les atomiser à la guise de la lexicographie positiviste, il donne, lui, dans l'extrême opposé, qui est de ne pas assez *adhérer au mot-à-mot du texte*, dont l'analyse pourrait soit confirmer, soit invalider l'impression générale que le commentateur a gagnée par une lecture synthétique. Le philologue doit pourtant d'abord partir du détail linguistique extérieur et procéder vers le centre spirituel de l'oeuvre que les mots lui permettent d'entrevoir, *et puis revenir sur ses pas* pour contrôler si le principe spirituel que son premier mouvement lui a appris, 'informe', explique véritablement les mots du texte. Sans cette 'loi d'aller et de retour', sans ce mouvement 'centripétal - centrifuge' que Schleiermacher et Dilthey ont appelé le "Zirkel des Verstehens in den Geisteswissenschaften", il n'arrivera pas à rendre compte des *deux* éléments réunis dans toute oeuvre d'art, de son esprit et de sa lettre. M. Casella est grandement supérieur à la *Buchstabenphilologie* de l'école Jeanroy, mais il ne se sent pas également obligé de contrôler son intuition sur les mots

précis, qu'après tout les poètes qu'il étudie ont dû choisir avec soin. Il en résulte pour le lecteur philologique des travaux de M. Casella une impression pénible, à peu près celle qu'ont eue les poètes médiévaux devant leurs héros hérétiques: 'quel grand baron s'il était chrétien'! — quel grand philologue s'il ne méprisait pas la 'philologie de la lettre'! Dans ce mépris du 'mot à mot' il y a un point qui doit particulièrement nous choquer: M. Casella ne tient, ni dans son *Don Quichotte*, ni dans l'article qui nous occupe, assez compte de la tonalité des oeuvres: une oeuvre bordant sur la plaisanterie est traité avec un sérieux et une lourdeur, une *Weltanschaulichkeit* qui font, chez le professeur florentin, une impression d'allemandisme caricatural: et en effet, sous la carapace de son jargon pseudo-médiéval nous voyons apparaître le démon de la 'Existenzialphilosophie' de Heidegger: Mme Frank a noté un exemple de cette spiritualisation ridicule, toute gratuite de la part de Casella (I, 12 *que·l cors a gras, delgat e gen*). Un autre exemple de l'élimination complète par C. de toute considération du ton de style!: les vers de VI (de la poésie dérivée du *devinalh*): *E quan mi resveill al mati Totz mos sabers mi desva, a a* reçoivent le commentaire surprenant: "L'esperienza è vitale. E pura passione impressa. *E un dolore profondo e oscuro* . . . . . . . .,, Pas un mot de ce *a a* ricanant, ironique, qui dissout le thème en jeu! De même, les *gaps* de Guillaume IX sont, sans humour, définis comme "conoscenza affettiva e sperimentale di una realtà che si vive"; l'aventure avec les deux dames, dont Guillaume dans n° V nous dit *Tant las fotei com auziretz*, est évidemment un exemple de l'amour 'vilain', non-courtois, mais ce professeur puritain égaré dans le pays des *barzelette salaci* nous dit sans sourciller de ces 'images': "Le raffigurazioni, in cui l'arte di Guglielmo IX indugia, si stringono tutte a particolari concreti e non ammettono (!) sottintesi voluttuosi . . . Le espressioni esagerate (!) rispondono all' intuizione di una realtà autonoma ed essenzialmente variata"—pourquoi ne pas avouer que ces images sont sensuelles jusqu'à la grossièreté, mais traitent pourtant d'un thème intellectuel? C'est chez un compatriote de Croce l'insensibilité totale aux valeurs d'expression et la surévaluation du contenu au dépens de la forme. Pourquoi devenir victime de la Scylla allemande rien que pour éviter la Charybdis italienne? Toute la conception du troubadourisme vient à souffrir de cette négligence de l'élément mondain ou séculier, pourtant présent et qui avait été surévalué par l'école opposée: cette poésie devient une pure *Weltanschauungsdichtung*, sans attaches dans un monde de 'société'. De ce fait, un des paradoxes essentiels de cette poésie, la transposition de 'l'avoir comme si on n'avait pas' sur le plan d'un amour *dans ce monde*, disparaît. Il est tout à fait logique que M. Casella 'spiritualise' la vers cité plus haut *que·l cors a gras, delgat e gen*

— sa dame à lui n'a vraiment pas de corps, puisqu'elle n'est qu'une 'intention' du poète, alors qu'en réalité chez Jaufré la dame est vue *avec un corps*, et que c'est le poète-martyr qui doit macérer son corps jusqu'au point d'ignorer ce qui en lui tend à l'accouplement charnel — tourment plus grave, tourment presque monastique: avoir la vision précise du charnel — et rester chaste!

Toute admirable qu'est l'insistance continuelle de M. Casella sur la 'valeur ontologique' de l'amour dans la poésie des troubadours, il ne faut pas oublier que ces poètes, tout en extériorisant leurs sentiments, voulaient nous donner l'impression, aussi bien que de la réalité de leur sentiment amoureux, de celle de l'objet: c'est pourtant une dame *réelle*, présentée d'une façon abstraite bien entendu, mais une dame que nous devons concevoir en chair et en os, qu'ils dessinent. Je crois donc que la tentative de M. Casella de réduire la dame à une sorte de seconde voix dans le poète, va trop loin — au fond elle aboutit, comme celle de Appel-Frank, à admettre une allégorie intellectualiste et à méconnaître les valeurs directement lyriques de la poésie rudellienne.

> L'oggetto (*selha ren*) verso il quale si volge ansiosamente il cuore del poeta, è *quell' altro se stesso che emana da lui* ed è presente in lui. E quell' altro se stesso verso il quale si piega con desiderio di un bene che gli è consustanziale e che già ama; ... Ma ciò che il poeta ama, secondo l'essere intenzionale di conoscenza, è *la forma del proprio essere*.

Ici, il me semble, la théorie augustinienne de l' auto-émanation de l'amour a transformé dans l'esprit de M. Casella l'image de la dame: c'est pourtant *elle*, et pas un moi narcissiquement dédoublé, qu'aime le troubadour. La dame, selon M. Casella,

> é un' immagine: una visualizzazione intensiva, una somiglianza — come ha già detto agostinianamente Guglielmo IX — del suo stesso amore. *Simile producit simile.*

Mais où Guillaume IX a-t-il émis cette idée augustinienne? Dans son chapitre sur ce poète M. Casella semble nous le dire:

> Ciò che l'amore conosce in vista della bellezza che lo ha dilettato essenzialmente, è una rassomiglianza di se stesso (VIII, 33-34; cf. v. IX, 46): una *similitudo*, come dice sant' Agostino, o *ratio* o *idea*, che gli permette di tenersi e di esser fuori del nulla.

La façon de citer de M. Casella nous induirait à penser que Guillaume IX a exprimé par deux fois l'idée *simile producit sibi simile* — mais ce que nous trouvons en réalité dans les deux passages, ce ne sont que des mots tirés de la racine *similis*, sans l'idée importante, que M. Casella veut y voir: le vers VIII, 33: *Qu'anc no cug qu'en nasques semble En semblan del gran linh n' Adam* signifie d'après ce que dit M. Casella lui-même dans un autre passage "semplicemento che nessun uomo di Adamo in poi, ha vissuto un amore pari al suo" (=*semblable*), et le vers IX, 46: *No l'aus m'amor fort asemblar* signifie d'après le même Casella "farle presente in immagine il mio grande amore" — il prend soin de nous expliquer, il est vrai, que *assemblar* veut dire 'dare una rassomiglianza (o *similitudo*) del proprio amore, che à poi, nell' essenza, lo stesso amore che emana dal se stesso", mais la dernière phrase est une addition toute gratuite, puisque le verbe *assemblar* 'façonner, manifester par ressemblance?'>'dire métaphoriquement' ne dénote pas autre chose que la conformité de l'expression de l'amour à la chose exprimée (l'amour) — la *similitudo* est donc ici plutôt le terme technique de la rhétorique que l'idée augustinienne. Or, si cette idée est absente de la poésie de Guillaume IX, elle le sera *a fortiori* dans Rudel, chez qui les *assemblar*, *semble* ne se trouvent pas — et nous pouvons aller plus loin: nous devons résolument écarter l'hypothèse, basée sur une mauvaise interprétation philologique, de la dame-écran cachant une seconde voix émanant de l'âme du poète. De même, quand Guillaume IX dit de la douleur amoureuse qu'il a imaginée en rêve:

> Per pauc no m'es lo cor partitz
> D'un dol corau;
> E no m'o pretz una soritz,
> Per sanh Marsau,

Casella nous enseignera que dans une belle représentation de "questa stessa esperienza d'amore, come passione oscura", Cavalcanti attribuera cette passion à Mars, la planète des martyrs: "il che ci spiega in certo modo [!] il san Marziale invocato da Guglielmo IX". *Accidenti!* Cavalcanti n'est pas Guillaume IX et Mars n'est pas Saint Martial — cette sorte de philologie impressionniste et grossière ne va pas convertir un Jeanroy - *ci vuol altro!* Mais ce qui est le plus curieux, c'est que, pour arriver à un rapprochement aussi hasardeux, Casella néglige complètement la saute de ton que se permet le grand-seigneur Guillaume IX, qui fait alterner avec l'expression du *dol corau* le ton fanfarron: cf. . . . *una soritz* et la mention du saint familier du Languedoc (cf. Appel, n° 87, 57): on sait que jurer est vulgaire et que la variation des invocations de saints (particulièrement à la rime) est un trait de la farce; cf. les saints invoqués en rime dans l'Avocat Pathelin et chez Guillaume même — saint Léonard mis dans la bouche d'une femme! Casella sacrifie les valeurs de style; en forçant le sens des mots il gâte les résultats de son investigation si pénétrante: c'est une véritable perplexité pour le lecteur que de devoir continuellement émonder le "métafouillis" des idées de Casella (et son argot pseudo-augustinien), tout en reconnaissant, combien il a vu juste quant au fond de cette poésie. Une saine philologie saura marier la précision à l'imagination — l'accord de ces qualités est ce qui fait le grand philologue. Casella se moque avec raison de la fausse précision de ses adversaires et il a vu *l'a priori* chrétien chez les troubadours — mais son manque d'adhérence au texte le précipite parfois dans des spéculations fantaisistes, qui vraiment semblent donner raison à l'épithète appliquée à lui par Mme. F. ("apriorstic"). Quelque fois, c'est, chez M. Casella, la spiritualisation directe et violente des mots, qui leur enlève leur sphère de rayonnement, la frange d'indécis qu'il y a autour d'eux—la spiritualisation outrancière arrive ici, résultat déplorable, à la rationalisation unilatérale: les vers soulignés dans IV, 22 seq.

> Mout mi tenon a gran honor
> Tug cilh cui ieu n'ay obeditz
> *Quar a mon joy suy revertitz:*
> *E laus en lieys e Dieu e lor . . .*
> Mas per so m'en sui encharzitz,
> *Ja no·n creyrai lauzenjador . . .*

sont ainsi rendus: 'perchè sono ritornato in pace con me stesso (*a mon joy*); e in questo lodo lui (il mio amore) e Dio e loro . . . non darò fede alcuna a chi me ne fa lode'. Ainsi la personne de la femme disparaît en faveur d'une allégorie d'un état d'âme du poète (*joy* est 'la joie', l'harmonie avec soi-même, mais en même temps ces choses *incarnées dans une femme*, ce qu'on peut rendre en français par 'mon Amour', 'ma Joie'); mais le travesti le plus violent, c'est de substituer un 'lui' représentant l'Amour à un 'elle' du texte, qui montre clairement le caractère personalisé de *mon joy*: c'est une 'Elle', pas un 'lui' qu'il faudrait. Et les *lauzenjador* sont, comme on sait les 'calomniateurs de l'Amour', les ennemis des amis honnêtes de la str. IV, qui, images du diable, conseillent le mal à cette âme qui se débat entre le Bien et le Mal. Prendre *lauzenjador* au sens étymologique de *laudator* est faux.

35. Il faut faire une place à part au poète allemand Rudolf Borchardt, qui a su discerner les individualités dans l'école des troubadours et rendre par ses traductions archaïsantes ce qu'il y a de mâle, de hérissé, d'individualiste dans le style des maîtres de l'école: *Die grossen Trobadors* (1924). Dans son épilogue il appelle la poésie provençale, par des mots qui rappellent Raynouard, "la première grande poésie ori-

ginale de l'Occident et la mère des autres", "une des conditions primordiales de la conception de cette Europe que Novalis a identifiée avec le christianisme": "elle appartient aux mines et trésors . . . profonds de notre propre culture nationale . . . elle appartient . . . aussi bien à l'histoire allemande qu'Homère et la Bible". Borchardt la voit parallèle à Amos, Déborah, Kallinos, Mimnermos, Simonide, Pindare, les anciens Arabes. Il a su aussi déterminer dans une magistrale petite épigraphe préposée à ses traductions de poésies de Jaufré Rudel le lieu historique de Jaufré Rudel:
> Entdeckung der Seelenform 'amor de lonh' und 'amor de terra lonhdana': Anfang der europäischen Sehnsuchtslyrik. Lied und Dichter werden mythisch.

On ne saurait mieux dire en moins de mots. Il a aussi vu plus clairement que Mme Frank la différence syntaxique des deux espressions, puisqu'il traduit la première *Minne-ins-fern*, la seconde *Herzminn über Land-in-weiten*— la véritable philologie résiderait-elle chez les poètes?
35a. Le mot est de Péguy, qui dès 1910 pressentait l'avènement d'une époque où "la première fois dans l'histoire du monde—tout un monde vif et prospère, paraît prospérer contre toute culture", où un" mouvement de dérépublicanisation de la France est profondément le même mouvment que le mouvement de sa déchristianisation" (Notre Jeunesse, p. 46). Ajouterai-je que la déphilologisation de la philologie est aussi solidaire de la déchristianisation? On ne sait plus reconnaître les thèmes des textes, parce qu'on a perdu le thème de l'homme: sa position dans l'univers.
36. J'ajoute au *Cantico dell' amore superardente* de Jacopone da Todi le traité mystique *Delle sacre sante stimmate di Santo Francesco* (*apud* 'Fioretti di S. Francesco', *Class. ital.* vol. XXXI, 146): Saint François demande au Christ de sentir dans son âme et dans son corps la douleur et l'amour qu'eut le Christ au moment de sa Passion: quand le séraphin 'qui eut en soi l'homme crucifié' apparut, *fu piens d'allegrezza e di dolore*. Il comprit que sa vision eût pris cette forme *acciò che egli intendesse che non per martirio corporale, ma per incendio mentale egli dovesse essere tutto trasformato nella espressa similitudine di Cristo crocifisso*. L'imitatio Christi radicale mène donc à l'identification complète avec les sentiments contraires présents dans l'âme du Sauveur et la 'passion de l'amour' avec son allégresse douleureuse n'est rien qu'une imitation séculière de la *passio*.
36a. L'article très original de M. I. Feuerlicht, "Vom Ursprung der Minne" (*Arch. rom.* XXIII), ne me semble pas signifier un progrès décisif dans notre compréhension de la poésie des troubadours: c'est

encore une 'genèse' qu'il nous propose, cette fois une genèse freudienne: les sentiments des troubadours seraient dus à leur éducation comme *pages* ou '*nourris*' ("Schwärmerei" pour une dame plus âgée), une circonstance de la vie de l'adolescent expliquerait les sublimisations ultérieures par le poète adulte. On sent tout ce que cette idée d'une 'poésie de puberté' a de puéril: c'est rabaisser la poésie d'un Guillaume IX si viril, d'un Bernard de Ventadour si tendre, au niveau d'un mièvre enfantillage et c'est revenir, par un chemin plus 'moderne', à la conception naturaliste de Wechssler. Ce qui est durable dans l'article de M. Feuerlicht, c'est la collection d'exemples qui prouvent que les troubadours (et particulièrement les *Minnesinger*) ont aimé se représenter comme de tendres pages élevés par la dame bien-aimée, assistant à son coucher, gazouillant des paroles d'amour reconnaissantes ou se renfermant dans un silence discret — mais ce *topos* a la même valeur illustrative de leur nuance d'amour (amour simple, désemparé, ne désirant nulle consommation) que le motif du rêve, et est sur le même niveau que l'assurance, que M. Feuerlicht a trouvée si souvent, que leur amour date 'de leur naissance' — même un page ne peut pas avoir aimé depuis *l'ora que fui natz!* La biographie de Ulrich von Lichtenstein, qui nous montre un poète-page, n'est que *l'enromancement* de la métaphore *kintlich ich ir diente vil*, comme la biographie de Jaufré Rudel l'est de la métaphore de l'amour lointain. Et dans Guillaume IX la présence du motif du page n'indique rien que cet 'esprit' constaté chez lui plus haut: faire de cet homme si viril, qui se plaît aux fictions pouvant illustrer sa conception de l'amour, un enfant qui ne peut pas agir autrement, c'est singulièrement méconnaître l'individualité du plus ancien troubadour.

37. M. Spoerri, dans son compte-rendu de Casella, *ZRPh* LX, 302, a très bien dit qu'on éprouve un sentiment rare de bonheur de voir dans ce traité "l'événement le plus important dans l'histoire de l'esprit européen moderne pour la première fois *pris au sérieux*", et il suggère que dans dans l'amour augustinien (*caritas*), synthèse de l'*Eros* platonique et de l'*Agape* paulinienne, ce sont les éléments platoniques qui ont dominé dans la personnalité éruptive de Guillaume IX. Le dynamisme de l'amour en soi (aucun attachement positif!) sera le sujet des troubadours.

Après M. Casella, et probablement sans connaître son article, M. Scheludko dans son traité "Über die Theorie der Liebe bei den Trobadors" (*ZRPh* LX, 191) a montré l'influence augustinienne sur les plus anciens troubadours, et il distingue nettement l'école de Marcabru (Cercamon, Peire d'Alvernha, Gavaudan etc.) avec son dualisme moralisant ('bon - mauvais amour'=*amor dei - mundi* de Saint Augustin), de la poésie de

Guillaume IX chantant l'amour sexuel, mais le raffinant par des idées augustiniennes. C'est Guillaume IX qu'ont généralement suivi les troubadours, qui appliquaient la distinction du 'bon' et du 'mauvais amour' à l'amour *courtois*. Sur Jaufré Rudel M. Scheludko exprime malheureusement cette fois des idées tout à fait aventureuses: comme il croit trouver dans ses poésies des centons de vers ou d'expressions empruntés à Marcabru et à Guillaume IX, toute sa poésie serait un démarcage conséquent, subtil, destiné à des 'fins émotionelles', sans théorie de l'amour sublime et sans portée 'didactico-théorique':

> Er besingt keine religiöse Liebe, er enthält keine Gegenüberstellung der irdischen und der himmlischen Liebe. Alle seine Ausdrücke, die sich auf die 'ferne Liebe' beziehen . . ., stellen stilistische Entlehnungen aus Wilhelm und Marcabru dar, ohne jede Spur des religiösen oder moral-philosophischen Gedankens.

Ici se manifeste un défaut dans lequel M. Scheludko tombe quelquefois: la surévaluation de rapprochements de textes, de 'sources': quand un mot se trouve dans deux textes, le critique en est comme fasciné et il oublie le *topos* commun aux deux, que d'autres fois il met lui-même si bien en lumière: que Rudel dise *que gensor ni melhor no·n sai* et que Guillaume IX dise le contraire: *qu'ieu·n sai gensor e bellazor* — l'identité des mots *gensor e* . . . suffira pour classer Rudel parmi les imitateurs; que Rudel parle de *la cambra e·l jardis* de sa belle 'qui lui serait un palais' et Guillaume IX du baiser *en cambra o sotz ram* — et il y aura travesti de cette pensée de la part du second poète; même une assonance fugitive sera un indice précieux de dépendance littéraire: (le *mos fustz e mos tapis* de Rudel, où, de quelque façon qu'on interprète, *tapis* doit être un objet matériel, sera mis en regard d'un *aniei totz sols a tapi* (:*pelerin*), qui contient un *tapin* 'pauvre, en cachette'! Mais qui ne voit que la plupart des similitudes de mots trouvées dans deux poètes se laisse ramener à des *topoi* que les poètes ont en commun? *b* ne remonte pas à *a*, mais a+b au topos *n*. C'est rajeunir et grandir et rappetisser *b* que d'ériger *a* en innovation, *b* en imitation, alors qu'ils sont tous deux des 'imitations-rénovations' (c'est d'ailleurs le même défaut qui dépare les belles études de M. Scheludko sur les 'prières épiques'—le *Couronnement Louise* y est censé donner le ton, alors qu'il sera en vérité l'écho d'une tradition de beaucoup plus ancienne, que M. Scheludko lui-même fait entrevoir). Quelle esthétique puérile qui suppose une musique verbale particulière à Rudel tirée de "mots" soigneusement ramassés chez un prédécesseur, alors qu'en vérité des 'mots' comme 'amour lointain' doivent avoir été des *leit-motifs chantant dans l'âme de Rudel*, avant que ses poésies ne fussent nées! De plus, l'emprunt et l'exploitation de procédés de style plus anciens semble, dans l'esthétique de M. Scheludko, exclure la portée morale d'une poésie: c'est comme si M. Scheludko pensait que les "emotionale Zwecke" étaient des fins en soi (quelle nomenclature téléogique appliquée à la poésie!) et comme si, précisément, Jaufré Rudel n'avait pas exprimé poétiquement ce qui chez d'autres troubadours a un relent de didactisme! M. Scheludko, tout en ayant sous main tous les matériaux qui lui permettent d'expliquer la poésie des troubadours comme phénomène médiéval, est singulièrement désarçonné devant le **fait poétique**.

37a. Relever la veine augustinienne dans la poésie des troubadours, c'est aussi dévêtir les célèbres théories sur les "origines" et les "influences" qui se cont produites sur elle, du manteau de pourpre royale dont elles semblent encore se parer dans les écrits de tant de médiévistes: chez Jeanroy, Nykl, Scheludko, Menéndez Pidal. Quand on voit M. Nykl dans son étude "L'influence arabe-andalouse sur les troubadours" (*Bull. hisp.* XLI, 307 seq.), classer les savants, qui ont écrit sur l'origine de cette poésie en quatre groupes: 1. 'ceux qui dérivent (!) la poésie provençale du latin classique, c'est-à-dire des poésies d'Ovide'; 2. 'le second groupe propose le latin médiéval' (chants religieux, *carmina burana*); 3. 'le troisième groupe ... cherche l'origine (!) de la poésie lyrique des troubadours dans la chanson populaire'; 4. le quatrième groupe (auquel appartiennent MM. Menénendez Pidal et Nykl) 'considère comme ... probable que certains éléments d'idéologie et de versification arabe-andalous ont joué un rôle important dans la *formation* de la poésie provençale, surtout dans l'oeuvre du premier des troubadours' — on est surpris de la conception toute positiviste (même chez ce grand idéaliste M. Menéndez Pidal) d'un engendrement tout matériel d'un *genre* poétique par un autre genre poétique (et ce genre-père est censé avoir été inventé soit par le même ou par un autre peuple): c'est le signe>, usité chez les étymologistes, (signe faux, même en étymologie, puisque ce n'est pas un mot qui en engendre ou influence un autre, mais l'homme parlant, employant un mot, qui le fait évoluer), qui induit aussi bien M. Scheludko à 'faire sortir' la poésie des troubadours du ventre fécond de la poésie latine médiévale que M. Menéndez Pidal à faire sortir les poésies de Guillaume IX et même de Jacopone da Todi, Villasandino, etc. de ce *zéjel* **arabe des IX-X siècles** dont l'importance devient ainsi exorbitante. Tout cela me semble provenir d'une fausse conception positiviste de l' influence *directe* d'une oeuvre-'source' sur une oeuvre 'dérivée', alors qu'il ne peut s'agir que de 'sources coulantes', comme disait Goethe, de sources spirituelles coulant pour ainsi dire dans les veines d'une civilisation, ou plutôt de différentes *manifestations* organiques de *cette civilisation même* (on se rappelle les vaines discussions sur l'origine de la langue humaine—alors que l'acquisition du langage est un fait donné avec le fait d'être homme). Au lieu de poser l'évolution *carmina burana*>chansons des troubadours, il faudrait reconnaître *et* dans les *carmina burana et* dans les chansons des manifestations parallèles d'une même civilisation, le seul symbole qui s'impose étant celui du soleil dont partent des rayons différents. De même, au lieu de poser une 'influence' arabe sur le troubadourisme, on devrait oser admettre une civilisation plus ou moins (insister sur 'moins'!) *une* en Andalousie et en Occitanie. En oubliant dans l'énumération des facteurs culturels ayant exercé leur influence sur la poésie (ou disons plutôt: sur la civilisation) provençale l'élément chrétien, on commet une faute grave: on se prive par là de la possibilité de contre-balancer des similitudes de détail par un ensemble d'idées qui pourait les expliquer toutes ensemble. Menéndez Pidal (*Bull. hisp.* XL,410) fait remonter les idées, recontrées chez les premiers troubadours, de l'obéissance aveugle de l'amoureux à sa dame, de l'amour gratuit, des tourments de l'amour chéris par l'amoureux — à la poésie arabe, parce qu'elles y sont attestées antérieurement: mais toutes ces théories sont latentes dans le christianisme augustinien (donc platonisant) et dans le platonisme des Arabes: si Guillaume IX dit de l'amoureux *obediensa deu portar* et les Arabes: *qui amat obedit*, ne sera-ce pas l'obéissance, due à l'amour pour Dieu, qui aura été leur modèle? (Sur la source chrétienne de cette obéissanse v. Scheludko, ZRPh, LX, 194) Et si le troubadour provençal appelle sa dame *midons* et le troubadour arabe l'appelle *sayyidi* (au masculin), ne sera-ce pas parce que Dieu est 'notre seigneur' et que la Dame a hérité des attributs de Dieu? M. Menéndez Pidal a été trop fasciné par les similitudes métrique, découvertes par lui, du *zéjel* et de certaines poésies de Guillaume — c'est cette identité de formes *positives* qui le décide en faveur de la théorie de l'influence —mais il dû convenir lui-même que le *zéjel* arabe d'Andalousie a un caractère 'romano-arabe' (mots romans intercalés, refrains, forme strophique inconnue ailleurs en arabe) — au mieux, une forme métrique bien définie de l'Andalousie arabo-romane se serait maintenue dans ce *melting-pot* de la civilisation méditerranéenne et romane. Si vraiment, comme Pedro Henríquez Ureña l'a montré, dans le compte-rendu du même article de Pidal (RFH I), la forme métrique du *zéjel* persiste encore chez Marot, Du Bellay et V. Hugo—dirons-nous que la poésie arabe a agi *directement* sur la poésie française? Mais si V. Hugo a reçu cette forme métrique, qui serait en dernier lieu d'origine arabe, le contenu, chez Guillaume IX ou chez V. Hugo, devrait-il aussi l'être? Évidemment, il peut y avoir eu des courants arabes dans la *civilisation* méditerranéenne, mais cet arabisme de la pensée ou de l'expression est contenu dans le 'soleil' — à partir duquel s'expliquent et s'explictent les manifestations particulières de cette civilisation. Menéndez Pidal écrit". . . suponer que esos caracteres comunes de forma y de fondo se hubieren producido indepedentemeente en Andalucía y en Occitánia parece una temeridad crítica. La otra solución, la de una lírica extendida por la Romania en tiempo de Modáddam de Cabra, si no es fácil de admitir en cuanto à la métrica, la creo inadmisible cuando se trata de explicar analogías internas de temas que no son concebibles en el Occidente Europeo durante los siglos IX y X." On voit que c'est le fait positif et 'palpable' d'une concordance métrique qui a décidé ce point de vue—mais pourquoi le thème de l'amour troubadouresque n'aurait il pas pu se développer avant dans l'Occident européen, étant donné le christianisme augustinien? Encore si on expliquait la naissance tardive de la poésie amoureuse des troubadours par le développement tardif de la civilisation des cours seigneuriales de Provence: peut-être égalait-elle en courtoisie la civilisation courtoise qui s'était développée plus tôt en Andalousie! L'élément social est sûrement pour beaucoup dans le développement du troubadourisme — mais comment nier son fonds chrétien?

S'il est vrai que dans l'*alba* le motif du 'chant du veilleur' précède historiquement le motif de l'adieu des amants, celui-ci arabe d'après Menéndez Pidal p. 409—et évidemment, il n'y a pas moyen de nier le rapport de l'alba bilingue, tracé par M. Becker, avec les chansons de veillée religieuses, les hymnes chrétiens—je ne vois pas pourquoi d'autres motifs de la poésie des troubadours ne remonteraient pas à l'élément chrétien, ou plutôt, pour éliminer le>, en seraient une manifestation organique. Décidément, il ne faut pas *comparer* des *formes d'art* détachées de leur centre vivant, ni même des *littératures;* il faut concevoir le *développement* de certaines formes d'art et de certaines littératures *à partir d'un climat de civilisation* — qui pour le moyen âge chrétien sera avant tout chrétien.

38. Ce que je viens de dire du thème-*topos* nous fait comprendre à la fois ce qu'il y a de jeu intellectuel et de forces émotives dans cette poésie: Jeanroy et Scheludko reviennent si souvent sur l'intellectualisme des troubadours — évidemment, il est là, à n'en pas douter, mais le thème est traité, comme si souvent au moyen âge, avec la ferveur ardente de la foi. A lire le dernier paragraphe de Mme Frank, là où elle donne un court aperçu de la façon comment les troubadours composaient leurs poésies, on voit seulement de gais oiseaux migrateurs voyageant

de cour en cour, encouragés à chanter par des dames de haut parage — c'est encore la vieille image semi-romantique et wechsslérienne que Mme Lot-Borodine n'a pu chasser! — on ne dirait pas qu'ils ont eu un thème sérieux, une doctrine mille fois répétée, un didactisme foncier — leur lyrisme n'est pas celui des romantiques, ils font chanter des idées (comme Valéry) et nous y retrouvons des restes indigérés de didactisme. Imaginerait-on dans une poésie lyrique moderne un pronom possessif voir note) s'adressant aux auditeurs, ou les *exordia* semi-épiques du type votre' (comme la 2 personne dans les chansons de geste: *là veíssiez* (voir note) s'adressant aux auditeurs, ou les *exordia* semi-épiques du type *farai un vers de dreit nien*, comme dans *arma virumque cano*, et ces envois-réclame qui demandent pour les poésies le plus de circulation possible, ou enfin ces mentions de conseillers loyaux ou déloyaux qui s'affairent autour de l'âme amoureuse, ces prédécesseurs de Faux-Semblant, Malebouche et Dangier, interrompant le soliloque de l'âme?

M. H. Friedrich *ZRPh* LX, 53F, écrit très bien, en déniant aux biographistes le droit d'expliquer telle chanson religieuse de Guillaume IX (p. ex. *Pos de chantar* . . .) ou de Pétrarque (*I'vo pensando*) par la chronologie extérieure ou même intérieure ('conversion' etc.):

> . . . die Lyrik seit den Trobadors und bis Lorenzo de' Medici kongruiert nur in Ausnahmefällen mit biographischen Vorkommnissen, sie ist als Ganzes die Entfaltung einer generellen seelischen Gestalt, in der es feste, der mittelalterlichen Anthropologie selbstverständliche Situationstypen gibt, die nicht zeitlich, ja sogar oft nicht einmal sachlich mit einem Vorkomnis der äusseren und inneren Biographie zusammenfallen müssen, um Thema einer Dichtung zu werden . . . . Die Situationen haben eine mehr psychologisch-generelle als eine biographisch-konkrete Ordnung zueinander; ihre 'Echtheit' kommt aus dem erfüllten ordo animae, weniger aus der Zufälligkeit des persönlichen Schicksals.

Puisque ce lyrisme développe (*Entfaltung*) des thèmes contenus dans l'*ordo animae* ontologique, il ne pourra pas être lyrique au sens moderne du mot, c'est à dire subjectif, à la merci des événements etc. Penserait-on chez un mathématicien développant certains problèmes logiquement impliqués dans 'l'ordre d'idées' qu'il poursuit, à des causes autobiographiques de ses développements? Il faudrait pourtant quelquefois penser tant soit peu aux grands poètes du moyen-âge comme à de grands *systématiques* — saint Thomas d'Aquin et sa *summa* regarde toujours un peu par-dessus l'épaule du poète médiéval!

39. L'explication des oeuvres poétiques par l'histoire exclusivement contemporaine a comme conséquence la considération plutôt de la *petite* his-

toire, de l'histoire anecdotique, alors que la véritable et grande histoire saurait rapprocher ce qui est grand à travers les siècles les plus éloignés et montrer dans des réponses récentes à des problèmes anciens la continuité historique d'une civilisation: l'historien de la philosophie trouve évident que Pascal, Rousseau, Goethe, Kierkegaard, Dostoïevski répondent à saint Augustin, mais l'historien littéraire est habitué à suivre moins le fil qui relie un Racine aux Pères, que ses relations littéraires et mondaines avec des contemporains. Tout grand poète ou penseur vit au moins dans deux époques: la sienne et celle qui a fondé la civilisation à laquelle il appartient. Et le grand poète et penseur jette ainsi un éclat tout nouveau en arrière: le christianisme apparaît sous un jour nouveau dès qu'il *a pu* produire les troubadours, Dante, Racine. Le conceptisme baroque d'Espagne (qui survit encore dans des poètes contemporains ultra-modernes, cf. mon article sur P. Salinas dans *Rev. hisp. mod.* VII, 1941) est déjà contenu en germe dans Tertullien et saint Augustin — puisque ceci a engendré cela, il faut considérer ceci et cela ensemble. Cette histoire 'ascensionnelle' ou 'rétrospective', que Nietzsche a demandée, n'est en général pas écrite . . . Tous ces arguments militent contre les cloisons étanches établis dans les *departments* que le spécialisme positiviste a prescrits à nos universités.

40. Cf. l'allusion aux Assassins plus haut note 27a.

41. Dans ce cadre rentre la IV<sup>e</sup> str. de VI restée parfaitement obscure à Jeanroy, — qui, de même que Stimming (qui, lui, pensait que la bien-aimée était complice du vilain tour), se rend coupable de biographisme déplacé, — et aussi à Casella, qui après avoir avoué son incompréhension, décrète: "Il fatto in sè non importa". Voici la strophe:

> Mielhs mi fora jazer vestitz
> Que despolhatz sotz cobertor
> E puesc vos en traire auctor
> La nueyt quant ieu fuy assalhitz.
> Totz temps n'aurai mon cor dolen,
> Quar aissi·s n'aneron rizen,
> Qu'enquer en sospir e·n pantays

Il s'agit, je crois, d'une anecdote personnelle renouvelant un lieu commun bien connu: tant de troubadours se déclarent plus satisfaits de coucher avec leurs dames habillés que, nus, avec d'autres femmes — preuve de leur appréciation de la gratuité de l'amour (affirmée précisément dans toute cette chanson, cp. particulièrement vv. 13-14) — Jaufré Rudel raconte l'histoire d'un assaut *par des cambrioleurs* (quel prosaïsme faisait concevoir une dame complice!), dont il avait récemment été victime: comme les assaillants lui ont enlevé ses vêtements en se moquant de son impuissance, le troubadour semble en déduire qu'il aurait été plus sage dans cette occurrence de se coucher habillé, au lieu de vouloir avoir tous ses aises — ainsi est-il plus sage de ne pas demander tous ses aises en amour, de ne convoiter que ce 'mariage blanc' que nous connaissons par le roman de Tristan.

Cette interprétation me semble appuyée par la considération de la strophe suivante—comme dans str. IV, une anecdote est censée éclaircir la pensée du poète, dans str. V ce sera un adage: Jaufré Rudel nous dit qu'il est difficile de maintenir la sagesse de ne rien demander quand on voit 'la soeur' octroyer ce que 'le frère' refuse. Casella comprend: 'le frère' = le désir charnel, l'appétit, 'la soeur' = le véritable amour (*amor* étant du fém. en prov.) — mais d'abord, *cobezeza* 'concupiscence' est aussi du féminin et un "il fratello (*cobezeza*)", comme dit textuellement Casella, serait par trop ridicule (encore si *dezir* était 'le frère'!), et puis, on ne comprendrait pas la suite où le poète s'excuse de sa nature faible 'biaisant' vers l'irraisonnable: c'est le véritable amour qui de par sa nature, ne doit pas octroyer, c'est le mauvais principe (la soeur) qui devrait céder. Je comprends donc: 'quand d'autres femmes vous concèdent ce que la dame préférée vous dénie'. Il ne faut pas prendre 'frère' et 'soeur' trop au sérieux, il ne s'agit pas d'êtres de sexe différent ou de principes désignés dans la langue par des substantifs de genre différent, mais d'un adage dans le genre de ce 'le père n'attend pas le fils' = 'tout le monde marche' que M. Lewent a analysé dans MLN (1942) :'le frère' et 'la soeur' seront tout simplement des paraphrases pour 'l'un- l'autre'.—Cf. sur les phrases proverbials chex les troubadours mon artilce sur *saludar de lonh* dans ZRPh LI, 291.

42. Illustrer, oui! L'art médiéval veut rendre intelligible, par des détails extérieurs et visibles, des vérités idéales, intérieures: il veut les "incarner", le dogme chrétien lui-même étant basé sur une incarnation qui a été visible. E. Mâle, *L'art religieux du XII*e *siècle*, a bien mis en relief la phrase de Suger de Saint-Denis (dans le traité sur la construction de cette église) : *Mens hebes ad verum* per materialia *surgit*, qu'il traduit: 'Notre pauvre esprit est si faible que ce n'est qu'à travers *les réalités sensibles* qu'il s'élève jusqu'au vrai'. Les troubadours, comme les auteurs de bestiaires, de fables, de sermons, de collections d'adages, comme les enlumineurs et imagiers, incluent le monde entier (la nature, l'histoire, les moeurs mondaines, les expériences populaires) dans l'illustration du problème moral, qui seul les intéresse — tout l'univers est en somme la chair qu'ils donnent à l'idée, et ils travaillent cette chair matérielle de l'oeuvre transcendante avec la foi patiente de l'artisan qui est un croyant. Ceci soit dit contre les détracteurs modernes

des troubadours, qui dénoncent pathétiquement leur 'monotonie' — ces malheureux qui ne savent pas, d'après le mot de Pascal, rester dans une chambre et demandent aux artistes d'autres époques leur propre vain besoin de remuement! Autant déplorer la monotonie des psaumes de David, des peintures de la Madone et du Bambin à travers les siécles!

43. Je veux dire par cette dernière métaphore que nous sentons en nous se répercuter une sorte de déclic quand nous avons vraiment trouvé ce qui a fait mouvoir une poésie: en ce moment, tous les détails de l'oeuvre s'arrangent en forces subsidiaires, obéissant à l'impulsion centrale. C'est d'ailleurs le même principe moteur, déclenchant tous les développements de détail, qui nous fait comprendre le véritable étymon d'une famille de mots; toutes les ramifications se comprennent à partir d'une 'racine *une*": la bonne étymologie produit ce déclic que nous annonçons par des mots triviaux comme "Ça y est!"

44. Il faut s'entendre sur l'étendue de la conception 'expression': Jaufré Rudel emploie-t-il seulement d' 'autres phrases' que Marcabru et Guillaume IX? Sur la 'monotonie' voir n. 16.

45. Et les pétrarquistes? D'ailleurs est-ce un reproche? Et n'oublions pas les *sirventès* et les nombreux autres genres qu'ont cultivés les troubadours!

46. Ce dernier sujet n'est possible qu'à partir du moment où l'homme se sent étranger à la création (angoisse de Pascal, monde newtonien). Ces Provençaux se sentaient à l'aise dans un monde théoriquement nié. D'ailleurs le thème de l'amour-*Minne*, d'*amor de lonh* n'est-il pas éternel? Ce sont plutôt les sujets romantiques qui nous semblent fanés!

47. 'simplement' de Jeanroy>'merely' de G. Frank. Mais est-ce si simple que de se maintenir aussi bien intellectuellement que sentimentalement, dans le paradoxal?

48. Une abstraction n'est une poupée que si l'abstraction, *qua* abstraction, n'est pas vivante. L'abstraction n'est pas un mal *en soi*. Il y a des abstractions qui vivent, comme l'a montré Burckhardt. Celle de Boèce par example.

49. En revanche, il a connu l'esprit de synthèse que semblent désavouer les médiévistes modernes. Et d'ailleurs la poésie amoureuse des Provençaux ne repose-t-elle pas sur une *analyse* de l'âme aimante?

50. Cf. sur la raison du 'piétinement sur place' la note 38.

51. Si l'on dit *topos* tout devient moins injurieux et plus clair.

52. Et les comparaisons d'Homère et de Dante dont on a toujours apprécié l'ampleur épique? Il serait plus juste de distinguer la comparaison et la métaphore et d'en décrire les vertus différentes. Cf. sur la 'nécessité' de la comparaison au moyen âge plus haut.

53. —'naturelles' aux yeux de qui? Du moyen âge ou du sorbonnard académicien du XXe siècle? Est naturel ce que je fais moi-même! Point de vue *bourgeois*: *Comment peut-on être persan?*

54. Non, vraiment!

54a. Combien Nietzsche n'a-t-il pas eu raison en déclarant le positivisme scientiste un "romantisme désappointé"! — dans ce passage de Jeanroy nous voyons voisiner le positivisme agrippé à la 'lettre' et la nostalgie du vague romantique: parce qu'on est 'vague' dans ses croyances et son sentiment de la vie, on se plonge désespérément dans la sécheresse poussiéreuse du 'fait brutal'! Parce que tu as perdu le paradis de la foi, il ne reste que: *in sudore vultus tui vesceris pane, donec revertaris in terram . . . quia pulvis es, et in pulverem reverteris.*

55. Encore s'ils employaient leur moi moderne pour reconnaître les *a priori* inconscients que l'époque n'a pas su formuler elle-même et qui doivent frapper le critique moderne, libre de leurs entraves! Aussi celui-ci peut-il "mieux comprendre" un auteur ancien que celui-ci ne s'est compris lui-même. Lire la très belle étude sur cet aspect de la critique de O. F. Bollnow dans *Deutsche Vierteljahrsschr.* XVIII, 117 seq.

56. Par cette phrase, M. Jeanroy semble écarter d'emblée la théorie que Mme Lot-Borodine avait amplement développée dans l'article d'hommage dédié à son maître: M. Jeanroy semble vouloir nier toute nuance barrésienne dans les troubadours, mais Barrès l'espagnolisant n'est-il pas, malgré sa sensibilité nerveuse moderne, très catholique médiéval?

57. J'ai nommé M. Voretzsch parce que des centaines de jeune romanisants de tous les pays commencent leurs études médiévales en lisant ses *Einführungen* dans la littérature et la langue ancienne française, oeuvres où le divorce de la matière historique traitée et de la technique appliquée par le savant moderne est complet: aucun écho de la *musica mundana* n'a été admis dans ces arides catalogues. Pourquoi ne fait-on pas lire d'abord aux débutants le traité de Novalis. "Die Christenheit oder Europa", qui, aussi actuel aujourd'hui qu'en 1798, offre une merveilleuse description synthétique de l'esprit medieval, du sens du divin (*heilige Sinn*) que possédait cette époque, lui oppose l'esprit déchristianisé de la Réforme et de l'encyclopédisme et prédit, au moment d'une anarchie semblable a la nôtre, un renouveau de croyance chrétienne, une intégration nouvelle de la religion et de la science, c'est à dire le retour à l'estprit vraiment européen?

The Department of Romance Studies Digital Arts and Collaboration Lab at the University of North Carolina at Chapel Hill is proud to support the digitization of the North Carolina Studies in the Romance Languages and Literatures series.

www.ingramcontent.com/pod-product-compliance
Lightning Source LLC
Chambersburg PA
CBHW020422230426
43663CB00007BA/1275